MANUEL

DES JURÉS.

MANUEL DES JURÉS, OU CODE COMPLET

Des lois concernant les Jurés, classées dans un ordre méthodique et accompagnées d'instructions propres à en faire connoître l'esprit, à en faciliter l'intelligence et l'exécution.

Ouvrage indispensable à tous les Citoyens que la loi oblige de se faire inscrire sur la liste des Jurés.

Par P. N. GAUTIER.

Auteur du Dictionnaire de la Constitution et du Gouvernement Français.

Prix 1 liv. 16 sous pour Paris et 2 liv. pour les Départemens.

A PARIS,

Chez GUILLAUME *junior*, Imprimeur-Libraire, quai des Augustins, n°. 42.

L'an premier de l'institution des Jurés et le 4eme. de la Liberté.

TABLE DES ARTICLES.

Pages.

Pages.

Pages

Fin de la Table.

ERRATA.

Page j de l'introduction, lignes 9 et 8, en remontant, Les uns pour constater l'existence d'un délit dénononcé, *lisez* : Les uns, pour examiner s'il y a lieu à accusation sur un délit dénoncé.

Page 20, ligne 3 : Convocation du juri d'accusation, *lisez* : Cas où les jurés d'accusation doivent être convoqués, *page* 46.

INTRODUCTION.

De nouvelles institutions ont introduit dans notre langue de nouveaux mots, ou ont donné aux anciens de nouvelles acceptions; celui de *juré* étoit déjà connu, mais il ne désignoit point chez nous, comme chez les peuples qui l'ont créé, une des plus belles institutions humaines. Donné jusqu'ici aux chefs des corporations d'artisans, il sembloit ne s'être conservé parmi nous que pour nous rappeler sans cesse notre erreur, et pour nous avertir de lui rendre sa primitive et véritable signification; il l'a enfin recouvrée; le mot *juré* dérivé du latin *jus*, *juris*, droit, équité, justice, est maintenant le nom qu'on donne, dans la jurisprudence criminelle, à deux commissions de simples citoyens, connus et domiciliés, appelés, les uns pour constater l'existence d'un délit dénoncé, les autres pour prononcer la conviction ou la décharge en faveur ou contre leur concitoyen, soupçonné de l'avoir commis.

On donne aussi le nom de juré à chacun des membres de la commission qu'on appelle *juré*.

Tout citoyen éligible est appelé à son tour à remplir l'honorable fonction de *juré*. La loi en rendant au citoyen accusé le droit de n'être jugé que par ses *pairs*, a imposé à ceux-ci le devoir de s'asseoir, quand ils en sont requis par l'autorité civile, au rang des juges, pour constater le crime ou l'innocence d'un de leurs compatriotes accusé; l'exercice de ce devoir est lui-même un droit, comme tous les autres devoirs des hommes libres, qui sont de véritables droits pour eux, en ce qu'ils ont pour objet de protéger leurs droits naturels, objet qui n'est point celui des obligations imposées aux esclaves. L'institution des *jurés*, simple dans ses principes, sublime dans ses effets, est la plus puissante égide de la liberté individuelle. Il n'est aucun citoyen qui ne puisse devenir un jour l'objet d'une accusation calomnieuse, s'il est contraint de descendre devant un tribunal, ses concitoyens sont là pour examiner *dans leur ame et conscience* les faits dont il est prévenu, et si c'est lui qui en est coupable; ils le protègent, pour ainsi dire, de leurs personnes, jusqu'à ce qu'ils aient reconnu son crime ou son innocence. Le coupable n'est livré à la main vengeresse des juges sévères et inflexibles que la loi a institués pour prononcer la peine, que quand il est convaincu par ses *pairs*, c'est-à-dire, par des hommes qui ne sont point armés contre lui du glaive de la loi, par de simples citoyens, comme il l'est encore, du crime dont il est accusé. L'homme qui, placé aujourd'hui au nombre des *jurés*, a le bonheur d'arracher au supplice un de ses frères calomnié, peut un jour, victime lui-même de la calomnie, voir au rang de ses concitoyens nommés pour le juger, celui dont il a contribué à faire triompher l'innocence. Cette touchante et noble institution nous est venue du nord avec la liberté; la Suède, le Dannemarck, l'Angleterre en ont recueilli dès long-tems les bienfaits; la France a cru en jouir un instant dans les siècles de sa barbarie, elle n'en avoit saisi que l'ombre; c'est au siècle des lumières, qui a vu la France entière se régénérer, qu'elle doit le salutaire établissement du jugement par *Jurés*.

Mais cette nouvelle institution, quoique déjà plus pure chez nous que chez les peuples qui nous en ont fourni le modèle, n'a point encore reçu, comme parmi eux, toute son extension; elle n'existe que dans la procédure criminelle, dont les lois ont toutes été réformées; les anciennes lois civiles, qui nous servent encore de règles pour juger les différends qui s'élèvent journellement dans le commerce de la vie, exigent une étude longue et pénible dont tous les citoyens ne sont point capables. C'est cette difficulté d'acquérir la connoissance de notre droit civil actuel qui a empêché l'assemblée nationale d'étendre, dès-à-présent, le jugement par *jurés* à la procédure civile. Il ne faut que de médiocres lumières pour décider d'un *fait*, c'est-à-dire, pour examiner si une action dénoncée a été commise, et si l'homme prévenu du crime en est coupable; mais une décision de *droit* demande des connoissances plus approfondies; la réforme, ou plutôt la destruction totale des lois, des coutumes, des usages bizarres, contradictoires, souvent absurdes ou iniques, qui composent aujourd'hui le code civil de la France, en faisant place à un code simple, uniforme, élevé sur les bases de la raison, de l'équité, aussi vrai que le sens commun, mettra bientôt tous les citoyens en état de décider d'une question de droit; c'est alors que des *jurés* prononceront aussi en matière civile et que la propriété et la fortune des citoyens seront placées sous la même sauvegarde que leur vie et leur honneur.

Quand chaque citoyen voit au nombre de ses devoirs celui d'exercer à son tour l'office de *juré*, il n'en est aucun qui doive ignorer à quoi ce devoir l'oblige; en étudiant les lois peu nombreuses, simples et claires qui règlent sa conduite dans ces fonctions délicates, il apprend encore quels sont les droits que ces lois lui donnent lorsqu'il se voit l'objet d'une fausse accusation; telle est la cause et le but de cet ouvrage; il préparera les citoyens à l'exercice d'une fonction nouvelle, il les empêchera d'y arriver neufs et dépourvus des connoissances qu'elles exigent; il aura de plus le mérite de graver davantage dans les cœurs français l'amour d'une constitution qui, en rendant à l'homme ses droits, n'a voulu l'en dépouiller que pour un crime légalement vérifié, reconnu et avoué par ses pairs, ses égaux, ses frères, étrangers à toutes les passions, et qui, jusqu'au moment de sa condamnation, fait respecter en lui la dignité de l'homme et le caractère de citoyen.

Voici ce que prescrit la constitution à l'égard de la procédure par *jurés*; c'est sur cette loi fondamentale que sont établies celles qui font l'objet de notre étude.

« *En matière criminelle, nul citoyen ne peut » être jugé que sur une accusation reçue par des » jurés, ou décrétée par le corps législatif, dans » le cas où il lui appartient de poursuivre l'ac- » cusation.* »

« Après l'accusation admise, le fait sera reconnu » et déclaré par des jurés. »

« L'accusé aura la faculté d'en récuser jusqu'à » vingt sans donner de motifs. »

« Les jurés qui déclareront le fait ne pourront » être au-dessus du nombre de douze. »

« L'application de la loi sera faite par des juges. »

« L'instruction sera publique, et l'on ne pourra » refuser aux accusés le secours d'un conseil. »

« Tout homme acquitté par un juré légal ne » peut plus être repris ni accusé à raison du même » fait. »

(Constitution française, chap. V, du *Pouvoir judiciaire*, article IX).

APPERÇU PRÉLIMINAIRE DE LA PROCÉDURE PAR JURÉS.

« L'assemblée constituante, de peur que le juge ne devienne plus redoutable que la loi, n'a conservé le droit de punir ni à un homme ni à un corps; elle a divisé tout-à-la-fois et les recherches nécessaires pour la découverte des délits, et les fonctions attribuées aux ministres de la justice; la plainte, l'accusation, la conviction ne sont plus sous la dépendance d'un seul et même tribunal, et le partage de la puissance prévient l'oppression et la tyrannie. » (*Proclamation du 15 Janvier 1792, concernant l'exécution de la loi des jurés*).

Maintenant, en effet, les organes de la loi, les juges qui infligent au coupable la peine qu'elle prononce, ne le peuvent que lorsqu'il a été reconnu tel par un tribunal de simples citoyens comme lui, et qui ne font même en cela que constater la vérité d'une accusation déjà admise par un autre tribunal composé de même. Voici sommairement la marche que suit la procédure.

Il n'y a qu'un seul tribunal criminel dans chaque département; chaque district est le siège d'un tribunal civil, chaque canton celui d'un juge de paix.

Lorsqu'un délit est dénoncé et lorsque l'officier de police de sûreté, qui est le juge de paix du canton, a cru juste de faire conduire le prévenu dans la maison d'arrêt du district, un des juges du tribunal du district nommé par ses collègues pour remplir les fonctions de *directeur du juri*, (*) examine les pièces remises au greffe, et après avoir reconnu que l'inculpation est de nature à être présentée au *juri*, il convoque *huit* citoyens du district, élus au sort sur trente, pour composer le *juri*; il leur expose l'objet de l'accusation, et ceux-ci, après avoir examiné attentivement cette accusation et entendu les témoins, prononcent qu'elle doit être admise ou rejettée, selon qu'elle leur paraît sans appui

(*) Par-tout où la loi parle du juré collectif, nous avons substitué le nom de JURI, que l'assemblée nationale a elle-même créé, afin de distinguer l'assemblée des jurés, du citoyen qui est juré.

ou fondée. Ce premier *juri*, assemblé auprès du tribunal de district, s'appelle JURI D'ACCUSATION.

Si ce *juri* admet l'accusation, l'accusé est décrété de prise de corps, il est conduit dans la maison de justice du tribunal criminel du département; le président de ce tribunal remet les pièces du procès à l'accusateur public, et convoque *douze* citoyens, pris dans toute l'étendue du département, et nommés au sort sur deux cents: ces douze citoyens assemblés auprès du tribunal criminel, composent le JURI DE JUGEMENT.

L'office de ce second *juri* est de déclarer, après le plus scrupuleux examen et l'audition des témoins, si le délit est constant ou ne l'est pas, et si la personne accusée est ou non convaincue de l'avoir commis. C'est sur la déclaration collective de ce *Juri* que les juges prononcent la peine ou acquittent l'accusé. (**)

Ainsi, dans toute procédure criminelle, deux *Juris* sont indispensables, l'un pour admettre l'accusation, l'autre pour la juger.

N. B. Ce court apperçu est nécessaire à l'intelligence de cet ouvrage; il faut bien saisir la distinction qui existe entre le *Juri d'accusation* et le *Juri de Jugement*, afin de ne point confondre les lois particuliéres à chacun d'eux, quoiqu'elles soient classées de manière à éviter toute confusion.

(**) ACQUITTER UN ACCUSÉ, signifie le renvoyer déchargé de l'accusation dont il est l'objet.

MANUEL DES JURÉS.

Quels Citoyens doivent être Jurés.

[Tous les articles de la loi sur les JURÉS et la jurisprudence criminelle, que contient ce volume, sont extraits du décret définitif du 16 septembre 1791, scellé le 29 du même mois, et les explications qui les accompagnent sont en grande partie prises dans l'instruction de l'assemblée nationale qui suit ce décret].

Les *Jurés* ne sont point des fonctionnaires publics qui exercent la profession particulière de juger dans les matières criminelles; ils ne sont point connus d'avance de ceux qui seront soumis à leur jugement; aucun caractère public, aucunes marques extérieures ne les désignent au peuple comme ceux qui doivent être ses juges dans telle ou telle circonstance; ils ne s'élèvent point au-dessus de la classe des simples citoyens. Si l'exercice instantané des fonctions de *Jurés* leur donne un pouvoir que la loi autorise et que tous doivent respecter, leur mission finie, ils se confondent dans le sein de la société, et ne conservent aucun signe de cette juridiction du moment.

La loi n'a pas voulu cependant confier à tous indistinctement l'importante fonction de décider de l'honneur ou de la vie de leurs semblables; elle a circonscrit le choix des *Jurés* dans la classe des citoyens qui sont capables des fonctions d'électeurs.

Titre X, art. 2. Nul ne pourra être placé sur la liste des jurés (soit d'accusation, soit de jugement), s'il ne réunit les conditions requises pour être électeur.

Pour être électeur il faut (aux termes de l'art. VII de la section II du chap. Ier. de la constitution) réunir aux conditions nécessaires pour être citoyen actif (1), savoir :

« Dans les villes au-dessus de 6,000 ames, celle d'être propriétaire ou usufruitier d'un bien évalué, sur les rôles de contribution, à un revenu égal à la valeur locale de deux cents journées de travail, ou d'être locataire d'une habitation évaluée, sur les mêmes rôles, à un revenu égal à la valeur de cent cinquante journées de travail. »

---

(1) Les conditions requises pour être citoyen actif sont : 1°. d'être né ou devenu Français, 2°. d'être âgé de 25 ans accomplis, 3°. d'être domicilié dans la ville ou dans le canton depuis un an. 4°. de payer, dans un lieu quelconque du royaume, une contribution directe au moins égale à la valeur de trois journées de travail; (le prix de la journée de travail est communément de 20 sols, ainsi la contribution doit être au moins de 3 liv.) 5°. de n'être pas dans un état de domesticité, c'est-à-dire, de serviteur à gages ; 6°. d'être inscrit dans la municipalité de son domicile au rôle des gardes nationales ; 7°. d'avoir prêté le serment civique.

« Dans les villes au-dessous de 6,000 ames, celle d'être propriétaire ou usufruitier d'un bien évalué, sur les rôles de contribution, à un revenu égal à la valeur locale de cent cinquante journées de travail, ou d'être locataire d'une habition évaluée, sur les mêmes rôles, à un revenu égal à la valenr de cent journées de travail. »

« Et dans les campagnes, celle d'être propriétaire ou usufruitier d'un bien évalué, sur les rôles de contribution, à un revenu égal à la valeur locale de cent cinquante journées de travail, ou d'être fermier ou métayer de biens évalués, sur les mêmes rôles, à la valeur de quatre cents journées de travail. »

« A l'égard de ceux qui sont en même tems propriétaires ou usufruitiers d'une part, et locataires, fermiers ou métayers de l'autre, leurs facultés à ces divers titres se cumulent jusqu'au taux nécessaire pour établir leur éligibilité. »

C'est en considération de la perte du tems qu'entraîne le service public de *juré* que l'assemblée nationale n'a appelé à remplir ces fonctions gratuites que les citoyens qui ont une petite propriété ou un revenu assuré; elle a moins voulu priver d'un droit que dispenser d'un devoir qui leur auroit été onéreux, ceux qui ne vivent que du produit de leur travail.

Obligation de se faire inscrire pour servir de Juri de Jugement.

Tout citoyen ayant les conditions requises pour être électeur, se fera inscrire, avant le 15 de décembre de chaque

Titre XI, art. 2.

année, pour servir de *juré de jugement*, sur un registre tenu à cet effet par le secrétaire-greffier de chaque district.

La loi ne dit point qu'il faille se faire inscrire particulièrement pour servir de *Juré* dans les accusations, mais comme il ne peut être admis à cette fonction que des citoyens qui réunissent également les conditions nécessaires pour être électeurs, il s'ensuit que les personnes inscrites pour servir de *Jurés* de jugement, peuvent seules être appelées pour composer le *Juri* d'accusation.

Elle a prononcé quelques exclusions et exceptions, qui paroissent également applicables aux citoyens appelés pour admettre une accusation qu'à ceux inscrits pour composer le *Juri* de jugement, quoique l'assemblée nationale semble ne les avoir prononcées que contre ces derniers.

Exceptions.

Art. 5. Ne pourront être jurés les officiers de police, les commissaires du roi, l'accusateur public, les procureurs-généraux-syndics et procureurs-syndics des administrations, ainsi que tous les citoyens qui n'ont pas les conditions requises pour être électeurs; les ecclésiastiques et les septuagénaires pourront s'en dispenser.

Mais ceux sur lesquels ces exclusions ou exceptions ne portent pas ne sont point libres d'accepter ou de refuser les fonctions de *Jurés* quand ils sont appelés, parce que personne n'est libre de se dispenser de ses devoirs.

Nul citoyen désigné par la loi pour servir de juré ne peut se refuser à cette obligation. Art. 1.

On observe que l'article 5 n'exclut point des fonctions de *Jurés* les officiers municipaux, les membres des conseils des administrations de département et de district, ni même ceux des directoires.

Il résulte de ce qui vient d'être dit que nul ne peut être *Juré*, soit d'accusation, soit de jugement, s'il ne peut être électeur.

Peine contre les Citoyens éligibles qui négligeroient de se faire inscrire.

Ceux qui auront négligé de se faire inscrire, pendant le mois de décembre au plus tard, sur le registre du district dans l'arrondissement duquel ils exercent les droits de citoyens actifs, seront privés des droits de suffrage et d'éligibilité à toutes fonctions publiques, pendant le cours des deux années suivantes. Art. 4.

La bonne volonté des citoyens et les progrès de l'esprit public rendront sans doute cet article sans effet. Autant il pourroit résulter d'inconvéniens de l'admission indéfinie et sans aucun choix de tous ceux qui se présenteroient pour être *Jurés*, autant il seroit dangereux d'être exposé à manquer de *Jurés* dans le moment où leur ministère est nécessaire ; c'est par cette raison que la loi a voulu que tous les citoyens éligibles qui n'auroient pas d'excuse valable, comme celle de leur âge, ne pussent se dispenser de payer à la société ce tribut civique sans encourir la peine qu'elle prononce.

La suspension du droit de suffrage et d'éligibilité, portée dans cet article, seroit prononcée par le tribunal du district sur la dénonciation du procureur-syndic.

Le défaut d'inscription de ces citoyens n'empêcheroit pourtant pas qu'ils ne fussent pris pour *Jurés* dans le cas où les éligibles inscrits ne seroient pas en nombre suffisant.

Nomination des Jurés.

La nomination des citoyens aux fonctions de *juré* se fait différemment, selon qu'ils sont appelés à composer le *juri d'accusation* ou *le juri de jugement*. Les procureurs-syndics des districts sont chargés de dresser, tous les trois mois, la liste des habitans du district qui formeront *le juri d'accusation*, pour les délits qui se commettroient sur son territoire ; et les procureurs généraux syndics des départemens, forment, à la même époque, une liste des citoyens pris dans tous les districts du département, pour composer, auprès du tribunal criminel, le *juri de jugement*. Les deux paragraphes ci-dessous, instruiront des règles de ces différentes nominations : nous avons cru devoir faire connoître la manière dont se forme chaque *Juri*, et le mode de son rassemblement, avant d'entrer dans le détail de leurs fonctions.

La distinction des *jurés* en deux sortes, est purement relative à l'objet de leur mission, et n'établit aucune distinction personnelle entre un *juré* et un autre *juré*; tous sont égaux, car tous sont citoyens, et la même aptitude est requise pour les deux espèces de *jurés*; les uns doivent décider s'il y a lieu à accusation, les autres, si l'accusation est fondée; de-là, la distinction de *juré d'accusation*, et de *juri de jugement*. Voici les règles de leur formation respective.

Formation du Juri d'accusation.

Le procureur-syndic formera tous les trois mois la liste de trente citoyens pour servir de jurés dans les accusations; elle sera approuvée par le directoire, et envoyée à chacun des membres qui la composeront. Titre X, art. Ier.

Ces citoyens doivent, comme ceux qui se sont fait inscrire pour le juri de jugement, remplir les conditions nécessaires pour devenir électeurs. Ils ne peuvent faire aucunes fonctions, que quand ils sont appelés. (Nous verrons plus loin dans quels cas ils doivent l'être).

Le tribunal du district indiquera un des jours de la semaine pour l'assemblée du juri d'accusation. Art. 3.

Huitaine avant ce jour, le directeur du juri (2) fera tirer au sort, en pré- Art. 4.

[2] C'est un des juges du tribunal de district, nommé pour diriger les jurés d'accusation. Il en sera parlé au titre des fonctions du Juri d'accusation.

sence du commissaire du roi (3), et du public, *huit* citoyens sur la *liste* des trente, pour former un *tableau* du juri d'accusation.

Cette nomination au sort se fait, en mettant dans un vase, les noms des trente citoyens inscrits sur la liste, les huit noms qui en sont tirés publiquement, sont ceux des citoyens qui doivent composer *le juri.*

Art. 5. S'il y a lieu d'assembler le juri d'accusation, ceux qui doivent le composer seront avertis quatre jours d'avance, de se rendre au jour fixé, sous peine de trente livres d'amende et d'être privés du droit d'éligibilité et de suffrage pendant deux ans.

C'est le directeur du *juri* qui est obligé d'avertir les *huit* citoyens qui le composent,

---

[3] Les Commissaires du roi auprès des tribunaux sont des officiers publics nommés par le roi et institués par la constitution, pour requérir l'observation des lois dans les jugemens à rendre et faire exécuter les jugemens rendus. Il s'agit ici du commissaire du roi auprès du tribunal de district. Chaque tribunal criminel de département a également un Commissaire du roi, nommé de même. Voici les fonctions des uns et des autres en matière criminelle ; elles sont comprises dans les quatre articles du titre V de cette loi. Il est nécessaire que les jurés soient instruits des fonctions de chacun des officiers de justice avec lesquels ils procèdent ; cette note et celles qui suivent les en instruiront.

Art. 1. « Dans tous les procès criminels, soit au tribunal de district, soit au tribunal criminel, le Commissaire du roi sera tenu de prendre communication de toutes les pièces et actes, et d'assister à l'examen et au jugement ».

du jour où il doit se rassembler, et c'est le tribunal qui, sur la réquisition du commissaire du roi, prononce contre les *jurés* qui seroient absens, la peine à laquelle cette loi les condamne.

Lorsque les citoyens inscrits sur la *liste* (des 30) prévoiront pour l'un des jours de l'assemblée du juri, quelque obstacle qui pourroit les empêcher de s'y rendre, s'il arrivoit qu'ils y fussent appelés par le sort, ils en donneront connoissance au directeur du juri, deux jours au moins avant celui de la formation du *tableau* des *huit*, pour lequel ils désirent d'être excusés. Art. 6.

Le *directeur du Juri* soumettroit sur-le-champ cette excuse au tribunal de district.

La valeur de cette excuse sera jugée Art. 7.

Art. 2. « Le commissaire du roi pourra toujours faire aux juges, au nom de la loi, toutes les requisitions qu'il jugera convenables, desquelles il lui sera délivré acte. »

Art. 3. « Lorsque le directeur du juri, (dans les tribunaux de district), ou le tribunal criminel, n'auront pas jugé à propos de déférer à la réquisition du Commissaire du roi, l'instruction ni le jugement n'en pourront être ni arrêtés, ni suspendus; sauf au Commissaire du roi du tribunal criminel à se pourvoir en cassation après le jugement. »

Art. 4. « Si néanmoins quelque affaire de la nature de celles qui sont réservées au corps législatif [comme les crimes de lèze-nation] étoit présentée au tribunal criminel, le Commissaire du roi sera tenu d'en requérir la suspension et le renvoi au corps législatif, et le président de l'ordonner, à peine de forfaiture. »

dans les 24 heures par le tribunal de district.

Art. 8. Si l'excuse est jugée suffisante, le nom de celui qui l'a présentée sera retiré pour cette fois de la *liste*; si elle est jugée non valable, son nom sera soumis au sort comme celui des autres.

Dans le cas où l'excuse est reçue, le directeur du *juri* fait retirer le nom du citoyen, sans qu'il soit tenu de l'en avertir.

Art. 9. Si celui qui a présenté l'excuse, est désigné par le sort, pour être un des huit qui forment le tableau du juri d'accusation, il lui sera signifié que son excuse a été jugée non valable, qu'il est sur le tableau des jurés, et qu'il ait à se rendre au jour fixé pour l'assemblée; copie de cette signification sera laissée à sa personne ou à son domicile; à défaut de signification à la personne, elle sera laissée à un des officiers municipaux du lieu, qui sera tenu de lui en donner connoissance.

Cette signification doit être faite au nom du directeur du *Juri*, par le ministère d'un huissier.

Art. 10. Tout juré qui ne se sera pas rendu sur la sommation qui lui en aura été faite, sera condamné aux peines mentionnées dans l'article 5 : sont exceptés de la présente disposition, ceux qui prouveroient qu'ils sont retenus pour cause de maladie grave.

L'assemblée nationale n'a pas cru devoir détailler les divers genres d'empêchemens, qui pourroient servir d'excuse aux citoyens, pour se dispenser des fonctions de *jurés*; elle a laissé la détermination de ces cas, à la prudence des juges; mais son intention est que les juges n'admettent ces sortes d'excuses, que très-difficilement, et dans le cas seulement, où il y auroit de la part du citoyen, impossibilité absolue de se rendre à son devoir de *juré*.

Mais, soit qu'un ou plusieurs *jurés* ne se trouvent pas au jour de l'assemblée, par quelque motif que ce soit, l'assemblée doit toujours avoir lieu; le directeur pourvoit alors au remplacement, en prenant au sort, dans la liste des trente, un des citoyens de la ville; et si la liste ne suffit pas, il peut choisir également au sort, parmi les autres citoyens capables d'être électeurs: c'est la disposition de l'article suivant:

Dans tous les cas, s'il manquoit un ou plusieurs jurés, au jour indiqué, le directeur du juri le fera remplacer par un des citoyens de la ville, tiré au sort en présence des commissaires du roi et du public, dans la *liste* des 30, et subsidiairement parmi les citoyens du lieu, ayant les conditions requises pour être électeurs. Art. 11.

Quand le *juri d'accusation* est assemblé, de

la manière qui vient d'être expliquée, alors ses fonctions commencent : (*Voyez* plus loin : *Convocation du juri d'accusation.*)

Formation du Juri de jugement.

Le 14 décembre au soir, chaque année, la liste des citoyens, à qui la loi ordonne de se faire inscrire pour le *juri de jugement* (*Voyez* plus haut les articles 1, 2, 4) doit être remplie.

Titre XI, art. 2. Le procureur-syndic du district enverra dans les 16 derniers jours de décembre, copie de ce registre au procureur-général syndic du département, et en fera remettre un exemplaire à chaque municipalité de son arrondissement.

Le défaut d'inscription de quelques citoyens, n'empêcheroit pas qu'ils ne fussent pris pour *jurés* dans les cas où les éligibles inscrits ne seroient pas en nombre suffisant.

Art. 6. Sur tous les citoyens ayant les qualités susdites, (*celles qu'il faut pour être électeur*) inscrits dans les registres des directoires, le procureur-général-syndic de département en choisira, tous les trois mois, deux cents, qui formeront la liste du juri du jugement ; cette liste sera approuvée par le directoire, imprimée et envoyée à tous ceux qui la composeront.

On fera observer ici de nouveau, que le *juri d'accusation* n'est composé que des citoyens éligibles du district; c'est le procureur-syndic qui dresse la liste des citoyens qui doivent le former; mais le *juri de jugement* est composé d'habitans de toute l'étendue du département, choisis par le procureur-général-syndic, entre tous ceux qui se sont inscrits dans leurs districts, et dont les noms lui ont été envoyés, comme il a été dit dans l'article 3. L'élection qu'il est chargé de faire, tous les trois mois, de 200 citoyens, entre tous les autres, doit être approuvée par le directoire du département.

Le procureur de département, en renouvelant cette liste, à l'expiration de chaque trimestre, doit observer de n'y pas placer une seconde fois, dans le cours de l'année, le même citoyen, à moins qu'il n'habite la ville même du tribunal criminel, ou que ce ne soit de son consentement: c'est ce que prescrit l'article 7 que voici.

Un citoyen ne pourra jamais, sans son consentement, être placé plus d'une fois sur la liste, pendant la révolution d'une année; et si, pendant les trois mois que son nom sera sur la liste, il a assisté à une assemblée de jurés, il pourra s'excuser d'en remplir une seconde fois les fonctions; le tout, à moins qu'il n'habite la ville même où siège le tribunal criminel. Art. 7.

Nul ne pourra être juré de jugement Art. 8.

dans la même affaire où il auroit été juré d'accusation.

Outre les quatre *listes* de 200 jurés chacune que le procureur de département forme de trois en trois mois, le président du tribunal criminel (4) est chargé par l'article XVII du titre 6, de former le premier de chaque mois, comme le directeur du juré d'accusation, le *tableau* des *Jurés de Jugement* qui pourront être appelés dans le mois.

Ce *tableau* doit être composé de douze *Jurés*; l'article 23 du même titre est ainsi conçu: *le nombre de douze jurés sera absolument nécessaire pour former un juri de jugement.* Cet article est constitutionnel; le juri de jugement est composé de quatre membres de plus que le juri d'accusation; voici la manière dont le président doit composer ce tableau.

---

[4] Le Président du tribunal criminel est comme l'accusateur public et le greffier nommé par les électeurs du département; il est élu pour six ans, et il peut être réélu. Outre les fonctions de juge, il est chargé par l'article 1 du titre III d'entendre l'accusé, au moment de son arrivée, de faire tirer au sort les jurés de jugement, comme il est dit dans l'art. 9 ci-dessus, de les convoquer; il peut néanmoins déléguer ces fonctions à l'un des juges. Il est chargé personnellement de diriger les jurés dans l'exercice des fonctions qui leur sont assignées par la loi, de leur exposer l'affaire, même de leur rappeller leur devoir. Il préside à toute l'instruction, détermine l'ordre entre ceux qui demandent à parler et a la police de l'auditoire. Il peut prendre sur lui de faire ce qu'il croit utile pour découvrir la vérité, et la loi charge son honneur et sa conscience d'employer tous ses efforts pour en favoriser la manifestation. [Titre III, art. 1 et 2.]

Lorsqu'il s'agira de former, le premier de chaque mois, le *tableau* des 12 jurés, le président du tribunal criminel, en présence du commissaire du roi et de deux officiers municipaux, lesquels prêteront le serment de garder le secret, présentera à l'accusateur public (5) la liste des deux cents jurés; Art. 9.

---

[5] L'ACCUSATEUR PUBLIC est un officier institué par la constitution, et dont elle délègue la nomination au peuple; dans les anciens tribunaux, les procureurs du roi, nommés par lui, en exerçoient les fonctions. Il est élu par les électeurs du département et pour six années; il peut être réélu. Les Accusateurs publics nommés à la première élection en 1791, n'ont été élus que pour 4 ans seulement. Le titre IV de la loi que nous rapportons détermine ainsi les fonctions de cet officier.

ART. I. « L'ACCUSATEUR PUBLIC est chargé de poursuivre les délits sur les actes d'accusation admis par les premiers jurés, et il ne peut porter au tribunal aucune autre accusation, à peine de forfaiture. »

« Lorsque l'ACCUSATEUR PUBLIC aura reçu une dénonciation du pouvoir exécutif ou du tribunal criminel, ou du commissaire du roi, il la transmettra aux officiers de police, et veillera à ce qu'elle soit poursuivie par les voies et suivant les formes établies. »

« La dénonciation du pouvoir exécutif ne pourra être transmise à l'ACCUSATEUR PUBLIC que par l'intermédiaire du commissaire du roi. »

ART. II. « L'ACCUSATEUR PUBLIC aura la surveillance sur tous les officiers de police du département; en cas de négligence de leur part, il les avertira; en cas de faute plus grave, il les déférera au tribunal criminel, lequel, selon la nature du délit, prononcera les peines correctionnelles déterminées par la loi. »

ART. III « Si, d'office ou sur la plainte ou dé-

celui-ci aura la faculté d'en exclure 20 sans donner de motif ; le reste des noms sera mis dans le vase, pour être tiré au sort et former le *tableau* des 12 jurés.

Les douze citoyens composant ce *tableau* doivent être toujours prêts à se rendre au jours indiqué à l'assemblée du *juri*, lorsqu'ils seront convoqués par le président du tribunal criminel, qui remplit à l'égard des jurés de jugement, les mêmes fonctions que le *directeur du juri* exerce dans le district à l'égard des *jurés* d'accusation. Comme il peut arriver que les juges du tribunal criminel soient unanimement convaincus que les *jurés de jugement* se sont trompés dans leur déclaration, la loi porte que dans ce cas le tribunal ordonnera que trois jurés seront adjoints aux douze premiers pour donner une déclaration aux quatre cinquièmes des voix.

A cet effet, (article 28 du titre VIII) *après avoir formé le tableau du juri, il en sera toujours tiré au sort* trois *de plus*.

L'article 18 du titre VI porte que *le 15 de chaque mois, s'il y a quelque affaire à juger, le juré de jugement s'assemblera sur la convocation qui en sera faite le 5 du même mois*.

---

nonciation d'un particulier, l'ACCUSATEUR PUBLIC trouve qu'un officier de police est dans le cas d'être poursuivi pour prévarication dans ses fonctions, il décernera contre lui le mandat d'amener ; et s'il y a lieu, il donnera au directeteur du JURÉ la notice des faits, les pièces et la déclaration des témoins, au cas qu'il en ait reçu, pour que celui-ci dresse l'acte d'accusation, et le présente au juré dans la forme prescrite. »

Si

Si le 15 du mois est un jour de dimanche ou de fête, cette ciconstance n'empêche point l'assemblée d'avoir lieu.

Lorsque les citoyens inscrits sur la liste des deux cents, prévoiront pour le 15 du mois suivant, quelque obstacle qui pourroit les empêcher de se rendre à l'assemblée du juri, s'il arrivoit qu'ils y fussent appelés par le sort, ils en donneront connoissance au président du tribunal criminel, deux jours au moins avant le premier du mois pendant lequel ils desirent d'être excusés. Art. 14.

Le président doit soumettre sur-le-champ cette excuse au tribunal criminel, comme le directeur du juri d'accusation est tenu de déférer au tribunal du district les excuses des citoyens nommés pour former le juri d'accusation.

La valeur de cette excuse sera jugée dans les 24 heures, par le tribunal criminel. Art. 15.

Si l'excuse est jugée suffisante, le nom de celui qui l'a présentée sera retiré, pour cette fois, de la *liste*; si elle est jugée non valable, son nom sera soumis au sort comme celui des autres. Art. 16.

Si celui qui a présenté l'excuse est désigné par le sort, pour être un des douze qui forment le *tableau* du juri de jugement, il lui sera signifié que son excuse a été jugée non valable, Art 17.

qu'il est sur le *tableau* du juri, et qu'il ait à se rendre au jour fixé pour l'assemblée du juri ; copie de cette signification sera laissée à sa personne ou à son domicile ; et à défaut de signification à la personne, elle sera laissée à l'un des officiers municipaux du lieu, qui sera tenu de lui en donner connoissance.

C'est le président du tribunal criminel, qui doit faire faire cette signification par le ministère d'un huissier.

Art. 18 Tout juré qui ne se sera pas rendu sur la sommation qui lui en aura été faite, sera condamné en 50 livres d'amende, et à être privé du droit d'éligibilité et de suffrage pendant deux ans. Sont exceptés de la présente disposition, ceux qui prouveroient qu'ils sont retenus pour cause de maladie grave.

La peine de déchéance portée dans cet article, seroit prononcée par le tribunal criminel, sur la réquisition du commissaire du roi. La remarque faite ci-dessus, à la suite de l'article 10, page 19, sur les cas où les juges peuvent admettre d'autres excuses pour cause d'empêchement, est également applicable ici.

Art. 19. Dans tous les cas, s'il manquoit un ou plusieurs jurés au jour indiqué, le directeur du juri, (*c'est le président du tribunal criminel*) le fera remplacer par un des citoyens de la ville, tiré au sort, en présence du commissaire du roi et du public, dans la *liste* des deux cents, et subsidiairement parmi les citoyens du lieu, ayant les conditions d'électeur.

TELLES sont les obligations que la loi prescrit aux citoyens revêtus des qualités qu'elle requiert pour servir de *jurés*, et telle est la manière dont se composent et se forment les deux juris, d'accusation et de jugement.

Juris Spéciaux.

Les deux juris précédens sont convoqués, pour prononcer sur tous les crimes que punit le code pénal. Les citoyens qui les composent n'ont besoin, pour bien juger, que des simples lumières naturelles et d'un cœur droit; les procureurs de district et de département ont suffisamment atteint le but de la loi, et rempli l'intention de la société, quand ils ont choisi, pour porter sur les listes qu'ils sont chargés de faire à chaque trimestre, des hommes probes et honnêtes, quoique médiocrement éclairés; mais il est des circonstances, où les *jurés* doivent réunir aux qualités requises pour l'être, des connoissances particulières, sans lesquelles ils risqueroient de porter un faux jugement. Le crime de faux, la banqueroute frauduleuse, la concussion, et en général, la malversation de deniers, ne peuvent être jugés que par un juri particulier que la loi désigne sous le nom de *juri spécial*, et qui, pour cet effet, n'est composé que de citoyens instruits dans la partie du délit dénoncé. Les règles de la formation de ce juri, seront rapportées à la suite des lois sur les fonctions ordinaires des *jurés*.

Avant d'arriver à ces lois, il est essentiel de connoître les dispositions de celles qui règlent les fonctions de l'officier de police de sureté, chargé d'ordonner l'arrestation d'un citoyen prévenu de crime, ainsi que la manière dont cet acte de police doit être exécuté, et enfin de tout ce qui précède la convocation du juri d'accusation, soit ordinaire, soit spécial.

ACTES DE LA POLICE DE SURETÉ *qui précèdent la convocation du Juri d'accusation.*

L'action de la police, considérée sous ses rapports avec la sureté publique, précède l'action de la justice; l'office de la justice commence au juri d'accusation; jusques là, c'est la police qui agit: avant qu'un citoyen soit déféré à ce premier juri, pour examiner s'il y a lieu à l'accuser devant le tribunal criminel, il est sous l'autorité de la police, qui s'est assurée de sa personne; son arrestation n'est point une peine, mais une mesure de précaution ordonnée par la loi; la prison n'est une peine que lorsqu'elle est l'effet d'un jugement légal.

Tant qu'un juri d'accusation n'a point prononcé contre un individu inculpé, celui-ci ne peut être regardé comme *accusé*, c'est-pourquoi, jusque-là, il n'est désigné dans les actes de la police de sureté, que sous le nom de *prévenu*.

L'assemblée nationale a chargé les juges de paix des cantons et ceux des sections des villes, des fonctions de la police de sureté.

La police de sureté est celle qui a pour objet de prévenir les désordres qui troubleroient la tranquillité des citoyens, et d'arrêter ceux qui les causent.

Les capitaines et lieutenans de la gendarmerie nationale, exercent, concurremment avec les juges de paix, les fonctions de police, excepté dans les villes où plusieurs juges de paix sont établis; ceux-ci et ces officiers militaires portent également le titre *d'officiers de police*.

Les fonctions d'officiers de police consistent :

1°. A recevoir les plaintes ou dénonciations qui leur sont portées.

On appelle proprement *plainte*, la déclaration d'un tort personnel que l'on éprouve, et *dénonciation*, celle d'une action dommageable à la société, ou à autrui.

2°. A constater, par des procès-verbaux, les traces des délits qui en laissent quelques unes après eux, et à recueillir les indications sur les individus qui s'en sont rendus coupables.

3°. A entendre les individus inculpés de délits, et à s'assurer, s'il est possible, de leur personne.

Le devoir des officiers de police n'est point de statuer définitivement sur les plaintes ou dénonciations qui leur sont portées ; cette fonction appartient à la justice ; mais c'est de la mettre à portée d'y statuer par des actes préparatoires.

Le premier de ces actes est de constater les griefs de la partie qui se prétend lésée ; à cet effet, la partie doit remettre sa plainte toute rédigée à l'officier de police, ou la rédiger sous ses yeux, ou le requérir de la rédiger lui même, et toujours la signer, même à chaque feuillet : l'officier doit remplir la même formalité. Une plainte ne peut être rendue que par le particulier lésé, ou par un fondé de procuration spéciale ; dans ce dernier cas, l'acte de procuration doit demeurer annexé à la plainte.

Si le délit qui fait le sujet de la *plainte* a eu des témoins, la partie plaignante doit les amener, et l'officier de police recevoir leurs déclarations, et en dresser procès-verbal. Ces déclarations sont seulement destinées à guider l'officier de police dans la conduite qu'il doit tenir envers les personnes inculpées. Ce ne sont point des dépositions qui fassent charges au procès. Si la partie se contente d'indiquer des témoins sans les amener, l'officier est tenu de les faire comparoître devant lui, en vertu d'une cédule qu'il leur fait notifier par un huissier ou par un gendarme national.

Il est également obligé d'ordonner la visite des lieux et des personnes, et d'en faire dresser procès-verbal toutes les fois qu'il s'agit d'un délit dont les traces peuvent être constatées.

Les mêmes formalités se pratiquent sur la *dénonciation* d'un citoyen qui a été témoin d'un attentat, soit contre la liberté ou la vie d'un homme, soit contre la sureté publique ou individuelle.

Dans le cas de la *plainte* ou de la *dénonciation civique*, si l'officier de police qui les a reçues, est celui du lieu du délit ou de la résidence, habituelle ou momentanée, du particulier qui en est l'objet, il peut, s'il juge que les charges alléguées contre lui sont assez graves, délivrer contre le prévenu un *mandat d'amener* (6) pour l'obliger à comparoître; et à lui fournir des éclaircissemens sur le fait qu'on lui impute.

Néanmoins, le prévenu ne peut être contraint à venir, en vertu du mandat d'amener, qu'autant qu'il est trouvé, dans les deux jours de la date du mandat, à quelque distance que ce puisse être, ou passé les deux jours, s'il est trouvé dans la distance de dix lieues du domicile de l'officier qui l'a signé; éloignement qui doit le faire présumer coupable, en ce qu'il semble chercher à fuir.

Lorsque le prévenu comparoit devant

[6] L'ordre d'un officier de police pour faire comparoître les prévenus de crime ou de délit, s'appelle MANDAT D'AMENER.

Ce mandat doit être signé de l'officier de police et scellé de son sceau; le prévenu doit y être nommé ou désigné le plus clairement qu'il est possible. Ce mandat est exécutoire par tout le royaume. Il faut que celui qui y est désigné, en reçoive une copie pour qu'il lui soit légalement signifié.

Aucun citoyen ne peut refuser d'obéir à un mandat d'amener. Le porteur du mandat peut employer la force pour le contraindre à obéir.

l'officier de police, en vertu du *mandat d'amener*, soit librement, soit par force, celui-ci l'examine sur-le-champ, ou au plus tard dans les 24 heures; et s'il résulte des éclaircissemens, qu'il n'y a aucun sujet d'inculpation contre lui, l'officier de police le renvoie en liberté; mais, lorsqu'il ne donne pas des éclaircissemens suffisans pour détruire ces inculpations, si le délit est de nature à mériter peine afflictive, l'officier devant lequel il comparoit, délivre un *mandat d'arrêt* (7) pour le faire conduire à la maison d'arrêt du district du lieu du délit. (8).

---

[7] Si l'officier de police de sureté, devant qui l'inculpé est amené, trouve, après l'avoir entendu, qu'il y a lieu à le poursuivre criminellement, il donne ordre qu'il soit envoyé à la maison d'arrêt du tribunal du district; cet ordre s'appelle MANDAT D'ARRÊT.

Le MANDAT D'ARRÊT a besoin, pour être exécutoire, d'être, comme le mandat d'amener, signé et scellé de l'officier de police, qui le remet à celui par qui le prévenu est conduit en la maison d'arrêt, et copie en doit être laissée à ce dernier.

Ce mandat doit contenir le nom du prévenu et son domicile, s'il l'a déclaré, ainsi que le sujet de l'arrestation; faute de quoi le gardien de la maison d'arrêt ne peut le recevoir, sous peine d'être puni criminellement, comme complice de détention illégale et arbitraire.

Les officiers de police ont le droit de faire agir la force publique pour l'exécution de leurs mandats.

Aucun dépositaire de la force publique ne peut entrer de force dans la maison d'un citoyen, sans un mandat de police, ou sans une ordonnance de justice.

[8] Auprès de chaque tribunal de district est une MAISON D'ARRÊT destinée à recevoir tous ceux qui y sont conduits en vertu d'un mandat de police; ce qui ne peut avoir lieu que lorsque le délit dont le citoyen est prévenu, paroît de nature à mériter une

Si le délit est de nature à mériter, une peine infamante, l'officier de police délivre également un *mandat d'arrêt* contre le prévenu, à moins qu'il ne fournisse une caution suffisante de se représenter, lorsqu'il en sera besoin; alors il est laissé à la garde de ses amis qui l'ont cautionné. La fixation de la somme qui doit servir de caution, est laissée à la prudence de l'officier de police.

Les réponses du prévenu aux questions de l'officier de police, lorsqu'il est amené devant lui, sont rédigées en un procès-verbal qu'il signe, et jointes aux déclarations des témoins et aux procès-verbaux du corps du délit. Ces pièces forment l'instruction de police, et complettent les devoirs confiés à l'officier de police qui exerce ce pouvoir pré-judiciaire.

C'est alors que toutes ces pièces étant communiquées, dans les 24 heures, au juge du tribunal de district qui fait les fonctions de directeur du juri, celui-ci vérifie si la cause est de nature à être déférée au juri, et que

---

peine afflictive ou infamante, [Voyez ci-après, quelles sont ces peines] qui ne peut être prononcée que d'après la décision d'un juri.

Les personnes envoyées à la maison d'arrêt, ne sont, dans le droit, qu'arrêtées et non détenues; elles ne sont encore que soupçonnées et non accusées. Lorsque le juri d'accusation a admis l'accusation contre elles, alors la privation de leur liberté change de caractère; ce n'est plus une simple arrestation, c'est une véritable détention; elles sont conduites de cette maison de police, dans la maison de justice du département [Voyez la note 10.] La police de la maison d'arrêt appartient à la municipalité du lieu.

dans le cas de l'affirmative, le juri d'accusation est assemblé.

Lorsqu'un officier de police a délivré un *mandat d'amener*, et qu'après les deux jours de délai que la loi accorde au prévenu pour comparoître, il est trouvé au-delà des dix lieues, l'officier qui a signé le mandat, doit en être sur-le-champ averti, et, suivant l'ordre qui y est porté, le prévenu est gardé à vue, ou mis en état d'arrestation; en faisant viser le mandat par l'officier de police du lieu, jusqu'à ce que le juri ait prononcé s'il y a lieu ou non à accusation à son égard.

C'est en faveur de la personne soupçonnée, que la loi ordonne qu'elle sera retenue dans le lieu de son arrestation, et non conduite devant l'officier de police qui l'a mandée; elle peut n'être pas coupable, et l'assemblée nationale n'a pas voulu exposer un citoyen, victime d'une erreur, à être mené d'un bout du royaume à l'autre. Afin d'avoir promptement la décision du juri, quatre jours après la délivrance du *mandat d'amener*, si le prévenu n'a pas comparu devant l'officier qui l'a signé, cet officier envoie copie de la plainte et des déclarations des témoins, au greffe du tribunal du district du lieu du délit, où le directeur du juri d'accusation en prend sur-le-champ connoissance, et d'après laquelle, s'il y a lieu, il convoque le juri.

Si néanmoins, le prévenu est trouvé saisi des effets volés, ou d'instrumens propres à faire présumer qu'il est l'auteur du délit, il est pris et amené sur-le-champ devant l'officier de police qui a signé le mandat d'amener, quels que soient la distance et le délai dans lequel il a été saisi.

Dans le cas où le *mandat d'amener* seroit rendu contre un *quidam*, c'est-à-dire, contre un homme dont on ignore le nom, mais que l'on désigne, s'il est arrêté dans les deux jours, ou dans les dix lieues, il est amené aussitôt devant l'officier de police qui a signé le mandat, et si, passé les deux jours, il est arrêté au-delà des dix lieues, les gendarmes qui l'arrêtent en donnent avis à l'officier de police, ainsi que de son nom et de son domicile, s'il l'a déclaré : les quatre jours pour envoyer la procédure au greffe du district, ne commencent que de cette époque.

Sur la clameur publique, et dans les cas de flagrant délit, l'officier de police est autorisé à faire saisir et amener devant lui les prévenus, sans attendre les déclarations des témoins, ou à délivrer contre eux des *mandats d'amener*, s'ils ne peuvent être saisis sur-le-champ; et lorsqu'ils le sont, il juge, d'après leurs réponses, s'il doit les envoyer à la maison d'arrêt. Tout dépositaire de la force publique, et même tout citoyen, est tenu de s'employer pour saisir un homme trouvé en flagrant délit, ou poursuivi par la clameur publique, et de l'amener devant l'officier de police le plus voisin.

En cas de meurtre ou de mort dont la cause est inconnue ou suspecte, l'officier de police est personnellement tenu, sans attendre aucune réquisition, et sans y préjudicier, de commencer la poursuite, et de délivrer à cet effet les mandats nécessaires.

« Lorsque la police a pourvu ainsi aux premiers besoins de sureté que la société réclame, la marche de la justice commence;

alors le règne des présomptions et des suspicions fait place à celui de la certitude et de la conviction, et si la police a dû consulter avant tout la sureté publique, la justice place avant toute autre considération, le respect et la précaution qui sont dues à l'innocence en péril. »

PREMIÈRE PARTIE.

JURI D'ACCUSATION.

ACTES DE JUSTICE *préalables à la convocation du Juri d'accusation.*

La justice criminelle n'est plus confiée, comme autrefois, aux tribunaux qui jugent les matières civiles; l'assemblée nationale a établi dans chaque département un tribunal particulier, spécialement chargé de la procédure criminelle: mais le citoyen présumé coupable, n'y est point traduit directement en sortant des mains de la police; il subit au tribunal du district une épreuve intermédiaire, qui a pour objet de confirmer ou de détruire les soupçons élevés contre lui

C'est-là que commencent les premières fonctions des *jurés*; s'ils prononcent qu'il y a lieu à accusation contre le prévenu, celui-ci, qu'alors on appellera *accusé*, sera conduit devant le tribunal criminel; dans le cas contraire, il sera remis en liberté.

Nomination du directeur du Juri d'accusation.

Dans chaque tribunal de district, les juges doivent désigner l'un d'entr'eux, pour remplir, dans les matières criminelles, les fonctions de *directeur du juri d'accusation*; c'est lui qui, (comme nous l'avons vu plus haut, pages 15 et 16) fait tirer au sort les *huit* citoyens qui doivent composer ce juri, et qui est chargé de les convoquer; en cas d'absence ou d'empêchement, ce juge est remplacé par celui qui le suit dans l'ordre du tableau.

Le directeur du juri est pris, tous les six mois, parmi les membres qui composent le tribunal, le président excepté.

Ses fonctions avant d'assembler le Juri.

Lorsqu'un citoyen est envoyé à la maison d'arrêt, celui qui est chargé de l'y conduire, reçoit, du gardien de cette maison, reconnoissance de la remise qu'il fait du prévenu; il dépose les pièces de l'instruction commencée par l'officier de police, entre les mains du greffier du tribunal de district, qui lui en donne également un reçu; il se présente ensuite, dans le jour, chez le *directeur du juri*, pour faire viser ces deux reconnoissances, et les rapporter à l'officier de police qui a décerné le mandat.

Titre Ier. de la 2de. partie de la loi du 29 7bre. Art. 4. Aussitôt après avoir délivré son *visa*, ou au plus tard, dans les 24 heures, *le directeur du juri* examinera les pièces remises, pour vérifier si l'inculpation est de nature à être présentée au juri; il pourra même, à cet effet, entendre le prévenu.

Art. 5. Aucun acte d'accusation ne pourra être présenté au juri, que pour un délit emportant peine afflictive ou infamante.

Le devoir imposé par le premier de ces articles au *directeur du juri*, est d'examiner, si le délit dont le citoyen réputé coupable est prévenu, est de nature à emporter l'une de ces peines; car, ce n'est que dans ce cas que le ministère des *jurés* est nécessaire.

Les *peines afflictives* sont : la mort, les fers, la réclusion dans la maison de force, la gêne et la détention.

Les *peines infamantes* sont : la dégradation civique, le carcan et la déportation. Cette dernière peine peut, dans certains cas, être prononcée par la police correctionnelle, et sans la décision d'un juri; alors elle n'entraîne point l'infamie.

Les délits et les crimes contre lesquels le code pénal prononce ces deux sortes de peines, sont :

1°. Ceux des particuliers contre le respect et l'obéissance dûs à la loi, et à l'autorité des pouvoirs constitués pour la faire exécuter.

2°. Les crimes des fonctionnaires publics dans l'exercice des pouvoirs qui leur sont confiés.

(*Nota.* Ceux de ces crimes qui ont pour but d'attaquer la constitution, ou de trahir l'état, sont punis par la haute-cour nationale, d'après la déclaration du haut juri, et sur l'accusation portée par le corps législatif, qui exerce, dans cette occasion, les fonctions de juri d'accusation).

3°. Les crimes contre la propriété nationale ou publique.

4°. Les attentats contre la vie des citoyens.

5°. Les crimes contre la propriété des particuliers.

L'examen préalable à la convocation du juri d'accusation se fait dans l'auditoire; le terme de 24 heures est de rigueur; *le directeur du juri* doit tenir procès-verbal de toutes les déclarations et réponses du prévenu; la raison et la loi dispensent celui-ci d'un serment préalable, qui le placeroit entre le parjure et l'aveu d'un délit qui l'expose à des peines. La loi, en forme d'instruction de l'assemblée nationale, défend au *directeur du juri*, de faire aucune question captieuse; il doit entendre la déclaration libre du prévenu, et ne point oublier que l'audition à laquelle il procède, n'est qu'une facilité accordée à un individu arrêté, d'expliquer les preuves de son innocence, et les raisons qu'il veut alléguer pour sa justification.

Le *directeur du juri* n'est pas le maître de décider seul, d'après l'audition du prévenu, et l'examen des pièces, que l'accusation ne doit pas être présentée au juri ; un pareil droit seroit trop dangereux dans la main d'un seul homme, plus facile à corrompre qu'un tribunal entier ; c'est-pourquoi, la loi lui ordonne d'assembler le tribunal lorsqu'il pense qu'il n'y a pas lieu à assembler le juri. Voici l'article :

Art. 6. Dans le cas, où il n'y a point de partie plaignante ou dénonciatrice, soit que l'accusé soit présent ou non, (9) si le directeur du juri trouve, par la nature du délit, que l'accusation ne doit pas être présentée au juri, il assemblera, dans les 24 heures, le tribunal, lequel prononcera sur cette question, après avoir entendu le commissaire du roi.

La décision du tribunal se prend à huis-clos, sur le rapport du *directeur du juri*, et on l'inscrit sur un registre, (autre que le registre des audiences) lequel sert à inscrire tout ce qui est relatif à la procédure qui se fait devant le tribunal de district et le juri d'accusation.

---

[9] Le prévenu est PRÉSENT, quand, après avoir été conduit devant l'officier de police, en vertu d'un mandat d'amener, celui-ci l'a, par un autre mandat, envoyé dans la maison d'arrêt ou reçu à caution.

Il est ABSENT, quand le mandat d'amener délivré contre lui, n'a pu être mis à exécution, ou quand le porteur du mandat a trouvé le prévenu au-delà de la distance de dix lieues, et l'y a mis en état d'arrestation, comme il a été dit ci-dessus, page 34.

La convocation des membres du tribunal se fait par le ministère de l'un de ses huissiers-audienciers, soit que le *directeur du juri* ne donne qu'un avertissement verbal, soit qu'il prévienne les juges par écrit.

Si, dans le même cas (*celui où il n'y a ni plaignant ni dénonciateur*) il trouve que par la nature du délit, l'accusation doit être présentée au juri, ou si, contre son opinion, le tribunal l'a décidé ainsi, il dressera l'acte d'accusation. Art. 7

Dans le cas où il y a une partie plaignante ou dénonciatrice, le directeur du juri ne pourra ni dresser l'acte d'accusation, ni porter au tribunal la question mentionnée en l'article 6, si ce n'est après *deux jours révolus* depuis la remise du prévenu en la maison d'arrêt, ou (*lorsque le prévenu est absent*) des pièces au greffe du tribunal; mais ce délai passé sans que ladite partie ait comparu, il sera tenu d'agir ainsi qu'il est prescrit par les articles précédens. Art. 8.

Le *directeur du juri* ne peut faire autre chose dans cet intervalle que d'entendre l'accusé; le délai de deux jours expiré, il agit, sans qu'il soit besoin de constater la non-comparution de la partie, comme il eût dû le faire dans le cas où il n'y en auroit pas.

Art. 9. Lorsqu'il y aura une partie plaignante ou dénonciatrice et qu'elle se présentera au directeur du juri par elle-même ou par un fondé de procuration spéciale, dans le susdit délai de deux jours, l'acte d'accusation sera dressé de concert avec elle.

« L'*acte d'accusation* n'est autre chose qu'un exposé exact mais précis, dans lequel on énonce que tel jour, à telle heure et en tel endroit, il a été commis un délit de telle et telle nature, que telle personne est l'auteur de ce délit ou soupçonnée de l'avoir commis. Cet acte doit contenir tous les détails, toutes les circonstances qui ont précédé, accompagné et suivi le délit; en un mot, présenter dans toute leur étendue les faits qui ont rapport au délit, de sorte que le lieu, le jour, l'heure, les personnes et le délit soient désignés le plus clairement possible. L'*acte d'accusation* n'est sujet d'ailleurs à aucune autre forme ». Voici l'article même de la loi :

Art. 15. L'acte d'accusation contiendra le fait et toutes ses circonstances; celui ou ceux qui en sont l'objet y seront clairement désignés et dénommés; la nature du délit y sera déterminée aussi précisément qu'il sera possible; il sera dit qu'il a été commis méchamment et à dessein, (*quand cette circonstance est présumée*).

Art. 10. Si le directeur du juri et la partie,

(*dans le cas où ils rédigent l'acte concurremment*) ne peuvent s'accorder, soit sur les faits, soit sur la nature de l'accusation, chacun d'eux pourra rédiger séparément son acte d'accusation.

L'opinion qu'auroit le *directeur du juri* que le délit n'est pas de nature à être porté au juri, n'empêcheroit pas la partie de dresser son acte d'accusation; l'article suivant l'y autorise :

Si le directeur du juri ne trouve pas le délit de nature à être présenté au juri, la partie pourra néanmoins dresser seule son acte d'accusation (*et le présenter au commissaire du roi, comme il va être dit à l'article* 13.) Art. 11.

L'article 20 du titre V de la première partie de la loi, qui traite de la police de sureté, porte que: « le refus de l'officier » de police de délivrer un *mandat d'amener*, » ou un *mandat d'arrêt* contre un prévenu, » n'étant qu'une décision *provisoire* de police, » celui qui a porté la plainte (ou la dénon- » ciation) pourra se pourvoir ultérieurement, » et autorise la partie plaignante ou dé- » nonciatrice à exiger de l'officier de police » un acte déclaratoire du refus qu'il fait de » décerner le *mandat* ». C'est la manière dont le dénonciateur ou le plaignant doit se pourvoir dans cette occasion qui fait l'objet de l'article 12, que voici :

Celui qui aura porté sa plainte ou dénonciation à l'officier de police, pourra, sur son refus constaté de dé- Art. 12.

livrer un mandat d'amener ou un mandat d'arrêt, présenter directement son accusation au juri du district du lieu du délit.

Art. 13. Les actes d'accusation seront toujours communiqués au commissaire du roi (*du tribunal*) avant d'être présentés au juri. . . . .

La communication de toutes les pièces et actes ultérieurs de la procédure doit accompagner celle de l'acte d'accusation.

Idem. .... Si le commissaire du roi trouve que, d'après la loi, le délit est de nature à mériter peine afflictive ou infamante, il exprimera son adhésion par ces mots : LA LOI AUTORISE.....

Cette formule doit être écrite au bas de l'acte d'accusation et revêtue de la signature du commissaire du roi.

Idem. ...Au cas contraire, il exprimera son opposition par ceux-ci: LA LOI DÉFEND....

Cette opposition arrêteroit la présentation de l'acte d'accusation aux *jurés*, si d'ailleurs *le directeur du juri* avoit été du même avis que le commissaire du roi; car dans ce cas, la partie seroit seule juge du délit; mais voici le moyen que la loi ménage à la partie dans cette occasion.

Idem. ... Dans ce dernier cas, la question pourra être portée au tribunal de district, qui la décidera dans les vingt-quatre heures.

Il faut observer que cet article n'*oblige* pas, mais *permet* simplement, de déférer la question au jugement du tribunal de district ; elle peut y être portée également par la partie, par le commissaire du roi ou par le *directeur du juri*, et les juges doivent pronon- dans les vingt-quatre heures.

Quand le tribunal décide, comme le commissaire du roi, qu'il n'y a pas lieu à communiquer l'acte d'accusation au juri, ou lorsqu'il confirme l'opinion que le *directeur du juri* lui soumet (Voyez l'article 6 page 40) que le fait n'est pas de nature à mériter une peine afflictive ou infamante, et par conséquent à être vérifié par un juri, le même jugement prononce le renvoi du prévenu à la police correctionelle, ou sa relaxation, sauf aux parties intéressées à se pourvoir à fin civile, ainsi qu'elles avisent.

Mais lorsque l'acte d'accusation est admis, soit par le commissaire du roi, soit par le tribunal, pour être présenté au *juri*, voici la suite des actes préalables à la convocation du juri d'accusation.

Dans tous les cas où le corps du délit aura pu être constaté par un procès-verbal, il sera joint à l'acte d'accusation, pour être présenté conjointement devant le juri, à peine de nullité de l'acte d'accusation. Art. 14.

Les témoins qui n'auront pas fait leur déclaration devant l'officier de police, la feront devant le directeur du juri ; ces déclarations seront reçues par écrit avant que les témoins soient examinés de vive voix par le juri d'accusation. Art. 16.

Cas où les jurés d'accusation doivent être convoqués.

Art. 17. Dans tous les cas ci-dessus énoncés, s'il résulte un ou plusieurs actes d'accusation, le directeur du juri fera assembler les jurés dans la forme prescrite (*par l'article 5 et suivans du titre X de la loi, rapporté ci-dessus page 16. Ce sont les huit citoyens qui composent le tableau formé par le tirage au sort.*)

Leur réunion.

Art. 18. Les *jurés* étant assemblés au jour indiqué, le directeur du juri leur fera prêter d'abord, en présence du commissaire du roi, le serment suivant :

Leur serment.

Citoyens,

« Vous jurez et promettez d'examiner avec attention les témoins et les pièces qui vous seront présentés, et d'en garder le secret ; vous vous expliquerez avec loyauté sur l'acte d'accusation qui va vous être remis ; vous ne suivrez ni les mouvemens de la haine et de la méchanceté, ni ceux de la crainte ou de l'affection. »

Les jurés doivent répondre, chacun individuellement : *Je le jure.*

Si ce serment contient la promesse du *secret*, c'est que deux motifs rendent ici ce secret nécessaire, et ces motifs ne contrastent point avec la publicité de la procédure, sauvegarde des accusés, car l'on n'est point encore arrivé à la partie de la procédure qui fera juger si l'accusé est coupable ou non ; tout sera public alors ; quant à présent le prévenu n'est pas encore accusé d'une manière certaine ; il ne s'agit que de découvrir s'il y a lieu ou non à l'accusation, et le secret est nécessaire pour ne point avertir les complices de prendre la fuite, et pour ne point faire connoître aux parens et amis du prévenu le nom des témoins, qu'ils auroient intérêt à écarter ou à séduire, avant qu'ils ne deposent devant le juri de jugement. C'est par les mêmes motifs que l'instruction de l'assemblée nationale, ajoutant à l'article 16 ci-dessus, porte que, si de nouveaux témoins n'avoient pas été entendus, le directeur du juri recevroit leurs dépositions *secrètement.* Ces dépositions sont écrites par le greffier du tribunal, non dans la forme qui s'observoit dans l'ancien régime judiciaire pour les informations, mais comme simples déclarations *destinées seulement à servir de renseignemens et non à faire charges au procès*, ainsi qu'il a déjà été dit à l'occasion de celles que reçoit l'officier de police.

Leurs fonctions.

Le directeur du juri exposera aux jurés l'objet de l'accusation, et leur Art. 19

expliquera, avec clarté et simplicité, les fonctions qu'ils ont à remplir : les pièces de la procédure leurs seront remises, à l'exception de la déclaration écrite des témoins.

Art. 20. Les pièces seront lues d'abord, ensuite les témoins produits seront entendus de vive voix, ainsi que la partie plaignante ou dénonciatrice, si elle est présente ; cela fait, le directeur du juri se retirera et laissera les jurés délibérer entr'eux.

Il faut remarquer, sur ces deux articles, que les *jurés* ne peuvent entendre les déclarations des témoins que *verbalement*, et que ces déclarations déjà *écrites*, ne leur sont point laissées avec les autres pièces de l'instruction ; l'article ne les comprend même pas au nombre des pièces qui leur doivent être lues, parce que ces dépositions *écrites* ne peuvent, sous aucun rapport, être considérées, ni contre l'accusé ni pour les *jurés* comme pièces probantes du crime ; elles ne restent que comme renseignemens des personnes qui vont déposer de vive voix, et de la nature de leurs dépositions.

L'intention de la loi à cet égard s'explique par l'essence même des *jurés*, qui ne sont institués que pour prononcer d'après leur conviction personnelle, morale et libre. Celle que l'on acquiert avec des preuves écrites est plutôt l'effet d'un travail de l'esprit, que le résultat des sentimens que nous font éprouver les récits animés d'un témoin. Tout

parle

parle dans un homme qui raconte un fait; ses gestes, ses regards, sa physionomie; le papier n'a point ce langage, et les *jurés* peuvent puiser dans le ton, dans les gestes, dans l'expression non réfléchie des accusateurs, autant de preuves morales pour ou contre l'accusé que dans l'exposé des faits; l'écriture fait disparoître tous ces moyens; et c'est cette conviction résultante du sentiment, et non de la discussion, que la société a voulu acquérir, par le moyen des *jurés*, avant de se condamner à se priver d'un de ses membres; sans cela, leur institution n'eût point été faite dans son véritable esprit; elle eût été en quelque sorte inutile; car si les *jurés* prenoient connoissance des pièces écrites, ils seroient obligés de les rapprocher de la loi, ils ne décideroient plus que d'après des *preuves légales*, et non d'après leur propre conviction; les juges qui composoient les anciens tribunaux ne décidoient pas autrement; mais il y a cette différence entre la jurisprudence criminelle actuelle et l'ancienne, que les juges ne faisoient que constater le fait et appliquer la peine, et que les *jurés*, (ceux de jugement) en constatant le fait, jugent aussi l'intention, et motivent leurs déclarations, comme nous le verrons tout-à-l'heure, afin que les juges, en prononçant la peine, puissent la commuer, d'après l'intention qui a dirigé le coupable; or, les *preuves* purement *légales* que les *jurés* tireroient, comme autrefois les juges, des dépositions écrites, ne leur permettroient pas de s'écarter, dans leurs déclarations, de la sévérité de la loi, qui ne juge jamais l'intention. C'étoit pour remédier à ce vice de notre jurisprudence ancienne, que le roi avoit le droit de faire grace ou de commuer la peine; les juges, n'appercevant pas toujours une intention criminelle dans un crime, ne pouvoient cependant décider autrement que la loi, alors ils sollicitoient le roi en faveur du coupable; l'institution des *jurés*, qui ne jugent que d'après leur conviction morale, qui par conséquent apprécient l'intention du criminel, a enlevé au roi ce droit de remettre la peine, dont aucune autorité n'est plus investie, parce que notre justice criminelle est assez pure pour que ce correctif soit inutile.

Il est cependant un cas où les dépositions écrites des témoins sont lues aux *jurés* de jugement, c'est lorsque l'accusé est contumace (10) ou absent; mais il est aisé de voir que n'étant point là pour répondre aux inculpations des témoins contre lui, les *jurés* doivent examiner avec plus d'attention leurs dépositions; cette raison seule a pu occasionner cette exception.

Ces remarques, qui peut-être n'auroient dû être placées qu'où il s'agira du juri de jugement, font connoître l'esprit de l'institution des *jurés*, et qui doit les diriger dans leurs fonctions.

Les *jurés d'accusation* ayant reçu toutes les pièces de l'instruction, à l'exception des déclarations des témoins, se retirent seuls dans

---

[10] CONTUMAX est un mot latin qui signifie opiniâtre, rebelle, désobéissant. C'est le nom d'un accusé qui s'est soustrait à un décret de prise de corps, et qui refuse de comparoître dans un délai fixé par la loi sur la sommation qui lui en est faite.

la chambre qui leur est destinée pour y délibérer sur ce qu'ils viennent d'entendre.

Le plus ancien d'âge sera leur chef, les présidera et sera chargé de recueillir les voix. Art. 21.

Les *jurés* examinent l'acte ou les actes d'accusation, car nous avons vu qu'il peut y avoir deux actes de cette espèce, l'un présenté par le directeur du juri, l'autre par la partie plaignante ou dénonciatrice, dans le cas où ils ne se seroient point accordés sur les faits et sur la nature du délit.

Les *jurés* (*Instruction de l'assemblée nationale*) qui ont à porter une décision dans cette circonstance, doivent bien se pénétrer de l'objet de leur mission ; *ils n'ont pas à juger si le prévenu est coupable ou non, mais seulement si le délit qu'on lui impute est de nature à mériter l'instruction d'une procédure criminelle et s'il y a déjà des preuves suffisantes à l'appui de l'accusation* ; ils appercevront aisément le but de leurs fonctions en se rappelant les motifs qui ont déterminé à établir un *juri d'accusation*.

Ces motifs ont leur base dans le respect pour la liberté individuelle ; la loi, en donnant au ministère actif de la police le droit d'arrêter un homme prévenu d'un délit, a borné son pouvoir au seul fait de l'arrestation.

Mais une simple prévention, qui souvent a pu suffire pour qu'on s'assurât d'un homme, ne suffit pas pour le priver de sa liberté pendant l'instruction du procès, et l'exposer à subir l'appareil d'une poursuite criminelle.

La loi a prévenu ce dangereux inconvénient, et à l'instant même où un homme est arrêté par la police, il trouve des moyens faciles et prompts de recouvrer sa liberté, s'il ne l'a perdue que par l'effet d'une erreur ou de soupçons mal fondés, ou si son arrestation n'est que le fruit de l'intrigue, de la violence ou d'un abus d'autorité ; il faut alors qu'on articule contre lui un délit grave. Ce ne sont plus de simples soupçons, une simple prévention, mais de fortes présomptions, mais un commencement de preuves déterminantes, qui doivent provoquer la décision des *jurés* pour l'admission de l'acte d'accusation.

Ce n'est qu'après avoir subi cette première épreuve, ce n'est que sur l'accusation reçue par un *juri* de huit citoyens, que le détenu peut être poursuivi criminellement et jugé.

La loi ni l'instruction de l'assemblée nationale qui la suit, ne règlent point la manière dont le chef du *juri d'accusation* doit recueillir les voix des sept autres *jurés* et donner la sienne ; si ce qui est établi ailleurs dans la même circonstance par un décret de l'assemblée nationale du 22 septembre 1790, peut servir de règle dans cette occasion, voici ce qui se pratique à cet égard dans les cours martiales ou tribunaux militaires.

Art. 41 de ce décret. « Les *jurés* (*d'accusation*), sous la présidence du premier de » la première colonne, opineront à voix » haute, en commençant par le dernier de la dernière colonne, » (ce seroit le dernier inscrit sur le tableau des *huit*, si l'on adopte le même usage dans les juris ordinaires d'accusation). « et ainsi de suite en remon- » tant ; ils seront les maîtres de motiver leur » avis dans le premier tour d'opinions qui

» aura lieu sur chaque question. » (Trois questions sont proposées a ce juri dont deux seulement peuvent l'être au juri ordinaire: 1°. *Le fait dont est plainte, en le supposant prouvé, constitue-t-il un crime ou délit ?* 2°. En ce cas, y *a-t-il lieu de soupçonner le prévenu d'en être coupable, et de suivre la plainte ?*) « Ensuite, « il sera fait un second tour d'opinions, lors » duquel les voix seront énoncées simple- » ment par *oui* et par *non.* »

Puisque la loi ne prescrit aucun mode particulier pour le recueillement des voix du *juri d'accusation*, et qu'elle a déjà établi celui-là, rien ne paroît en droit d'empècher qu'il ne soit suivi par les *jurés.*

Art. 27.

Le nombre de huit jurés sera absolument nécessaire pour former un juri d'accusation, et la majorité des suffrages pour déterminer qu'il y a lieu à accusation.

Cinq voix sur trois forment la majorité; la loi ne dit point ce qui devroit se faire dans le cas où elles pourroient être également partagées; mais puisque la *majorité* est nécessaire pour admettre l'accusation, il paroît qu'il faut conclure du partage égal des voix, en faveur du prévenu.

Déclaration du juri d'accusation.

Art. 22. Si les jurés trouvent que l'accusation doit être admise, leur chef mettra au bas de l'acte (d'*accusation*) cette formule affirmative : « *La déclaration du juri est* : OUI, IL Y A LIEU. »

S'ils trouvent que l'accusation ne doit pas être admise, il mettra au bas de l'acte cette formule négative : « *La déclaration du juri est :* NON, IL N'Y A PAS LIEU. »

L'article 43 du décret du 22 septembre 1790, déjà cité, sur l'organisation des tribunaux militaires, permet aux *jurés* d'accusation assemblés de tenir plusieurs séances, s'il est nécessaire, pour entendre la lecture des pièces et l'audition des témoins, prescrites par l'article 20 ci-dessus, mais il porte expressément que, *dès que la délibération des jurés aura été ouverte, ils ne pourront se séparer sans l'avoir arrêtée et rapportée.* Quoique cette disposition essentielle ne soit pas exprimée dans la loi du 29 septembre 1791, qui fait la matière de cet ouvrage, les raisons importantes qui ont fait imposer au juri militaire l'obligation de ne point se séparer avant de prononcer, paroissent avoir ici la même force et prescrire le même devoir. Cette opinion est d'autant plus vraisemblable que l'article 22 que nous verrons bientôt, du titre VII de la loi, ordonne aux *jurés* de jugement de rester dans leur chambre jusqu'à ce qu'ils ayent donné leurs déclarations, *sans pouvoir communiquer avec personne.* Il est vrai que les dangers que pourroit occasionner la communication au-dehors des *jurés* d'accusation seroient bien moins funestes que ceux qui résulteroient de celle des *jurés* de jugement, de la décision desquels dépend souverainement le sort de l'accusé, mais il suffit que cette communication ait des inconvéniens pour qu'elle doive être proscrite.

Dans le cas mentionné en l'article 10, où le directeur du juri et la partie plaignante ou dénonciatrice auroient présenté chacun un acte d'accusation séparé, les jurés détermineront celle des deux accusations qui doit avoir lieu, en mettant au bas de l'acte la formule affirmative, et au bas de l'autre acte la formule négative; et si aucune des deux accusations ne leur paroît devoir être admise, leur chef mettra la formule négative au bas des deux actes. Art. 23.

Il peut arriver aussi que, d'après l'examen de l'acte ou des actes d'accusation, les *jurés* trouvent qu'il y ait lieu à une accusation différente de celle portée auxdits actes, mais comme ce n'est point à eux à indiquer l'espèce d'accusation qu'ils pensent devoir être substituée à celle qu'on leur a présentée, puisqu'ils ne sont appelés que pour admettre ou rejetter une accusation déjà formée, voici comme ils doivent agir:

S'ils estiment qu'il y a lieu à une Art. 24.
accusation, mais différente de celle

qui est portée dans l'acte ou dans les actes d'accusation, le chef du juri mettra au bas (*de l'un et de l'autre : s'il y en a deux*), « *la déclaration du juri est :* IL N'Y A PAS LIEU A LA PRÉSENTE ACCUSATION. »

Art. 25. Dans ce cas, le directeur du juri pourra, sur les déclarations écrites des témoins et sur les autres renseignemens, dresser un nouvel acte d'accusation.

Cet article, par ces mots : « Le directeur du juri *pourra*, » semble laisser au directeur du juri la liberté de rédiger ou de ne pas rédiger un nouvel acte d'accusation; cependant, puisque déjà l'opinion des huit citoyens qui composent le juri est qu'il y a lieu à une autre accusation, on ne voit pas comment le directeur du juri seroit autorisé à se dispenser d'en présenter une nouvelle; l'instruction de l'assemblée nationale, qui a été promulguée en forme de loi, en doit avoir la force; en expliquant cet article, elle confirme l'observation que nous venons de faire : « Le directeur du juri, dit-elle, *doit* dresser un nouvel acte d'accusation. » Elle lui impose de plus l'obligation « *de faire auparavant entendre devant lui les témoins.* » L'article dit seulement qu'il rédigera l'acte *sur les déclarations écrites des témoins*, et ce qu'il prescrit à cet égard paroît devoir suffire.

Art. 26. Dans tous les cas, (*c'est-à-dire, soit qu'il y ait lieu ou non à l'accusation présentée, ou soit qu'une autre doive être portée*), les déclarations des jurés seront signées par leur chef, et remises par lui, en leur présence, au directeur du juri, lequel en dressera un acte.

Si les jurés prononcent qu'il n'y a pas lieu à accusation, le prévenu sera mis en liberté, et ne pourra plus être poursuivi à raison du même fait, à moins que, sur de nouvelles charges, il ne soit présenté un nouvel acte d'accusation. Art. 28.

Le juri décide qu'il n'y a pas lieu à accusation quand cinq et même quatre voix prononcent négativement. Nous observerons ici que si l'assemblée nationale n'eut pas voulu que quatre suffrages sur huit, c'est-à-dire la moitié, décidassent en faveur du prévenu, elle auroit appelé un neuvième *juré* pour terminer le différent, ou elle auroit donné dans ce cas une voix de plus au chef : elle ne l'a pas fait, elle a même dit formellement (*Voyez* l'article 27, page 53) que la *majorité* des suffrages *est absolument nécessaire* pour déterminer qu'il y a lieu à accusation ; donc, quand il n'y a point de *majorité*, l'accusation ne doit pas être admise.

Ici finissent les fonctions du *juri d'accusation*, mais celles du directeur du juri ne sont point encore terminées ; les 8 articles suivans prescrivent ce qui lui reste à faire envers le prévenu ou l'accusé ; les huit jurés se séparent, jusqu'à ce qu'une nouvelle convocation les rassemble dans l'espace des trois mois pendant lesquels ils demeurent sur la liste des trente, car, l'assemblée nationale n'a point dit que les *jurés* qui auroient servi dans une accusation, pourroient, comme ceux de jugement, s'excuser d'en remplir une seconde fois les fonctions pendant le trimestre de leur inscription. Elle n'a pas dit, non plus, que le même citoyen ne pourroit, sans son consentement, être placé plus d'une fois sur la liste du *juri d'accusation* pendant la révolution d'une année, comme l'article 7 de la page 21 le porte à l'égard de ceux qui composent la liste du du juri de jugement. La raison en est, sans doute, qu'il peut être quelquefois difficile de trouver dans les bornes d'un district, assez de citoyens réunissant les conditions sans lesquelles on ne peut être *juré*, pour que les mêmes ne soient pas appelés deux fois dans la même année. Cet inconvénient n'existe pas pour les *jurés* de jugement, que l'on prend dans toute l'étendue du département.

Art. 35. Lorsque le juri d'accusation aura déclaré qu'il n'y a pas lieu à accusation, le directeur du juri en donnera avis, sans délai, à l'officier de police qui a délivré le mandat d'amener, afin qu'il fasse cesser sur-le-champ toute poursuite ou détention du prévenu.

Art. 36. Il en sera de même si le tribunal de district avoit jugé que l'accusation n'est pas de nature à être présentée au juri; sauf à prendre, s'il y a lieu, les formes indiquées pour la police correctionnelle.

Lorque le juri d'accusation aura déclaré qu'il y a lieu à accusation, le directeur du juri rendra, sur-le-champ, une ordonnance de prise de corps contre l'accusé, d'après laquelle, s'il n'est pas déjà arrêté, il sera saisi, en quelque lieu qu'il soit trouvé, et amené devant le tribunal criminel. Art. 29.

Le nom de l'accusé, ainsi que sa désignation et son domicile, s'il est connu, seront marqués précisément dans l'ordonnance de prise de corps; elle contiendra, en outre, la copie de l'acte d'accusation, ainsi que l'ordre de conduire directement l'accusé en la maison de justice (11) du tribunal criminel. Art. 32.

---

[11] Auprès des tribunaux criminels, dans les villes où ils sont établis, est une MAISON appelée DE JUSTICE, où sont conduits les accusés, c'est-à-dire, ceux contre lesquels le juri d'un district a admis une accusation; ils ne peuvent y être reçus qu'en vertu d'une ordonnance de prise de corps. Ici, l'accusé qui n'étoit qu'arrêté ou retenu dans la maison d'arrêt du district, est détenu; la privation de sa liberté dans la maison de justice, prend le caractère de détention.

La garde des maisons de justice et des maisons d'arrêt, est confiée par les directoires de département, sur la présentation de la municipalité du lieu, à des hommes d'un caractère et de mœurs irréprochables, lesquels prêtent serment de veiller à la garde de ceux qui leur seront remis, et de les traiter avec douceur et humanité.

Ces gardiens ont des registres signés et paraphés à chaque page, par le président du tribunal, sur

Le tout doit, selon l'instruction de l'assemblée nationale, être signifié à l'accusé et elle oblige, conformément à l'article 11 du titre XIV, le directeur du juri, sous peine de suspenssion de ses fonctions, à donner avis de l'ordonnance de prise de corps qu'il a décernée, tant à la municipalité du lieu de la situation de la maison d'arrêt du district, qu'à celle du domicile du prévenu en la personne du greffier de la municipalité.

Art. 30. S'il n'échoit pas peine afflictive (*Voyez page 38, quelles sont les peines afflictives*) mais infamante (*Voyez de meme*) et que le prévenu n'ait pas été déjà reçu à caution (*par l'officier de police, Voyez page 33*), le directeur du juri rendra contre lui une ordonnance de prise de corps, sauf à l'accusé à demander sa liberté, laquelle lui sera accordée en donnant caution.

Dans le cas de cet article, le directeur du juri doit faire les mêmes significations que dans celui de l'article précédent.

Cette requête de l'accusé, à l'effet d'obtenir son élargissement en donnant caution, ne peut être présentée qu'au tribunal criminel, et lorsqu'il a été conduit dans la maison de

---

lesquels ils sont tenus d'inscrire les mandats de police ou ordonnances de justice, en vertu desquels les prisonniers leur sont remis, et de faire mention de la date de leur sortie et du jugement qui l'ordonne.

détention de ce tribunal. Il faut, sans doute, que dans cette occasion, la caution présente une responsabilité beaucoup plus forte que celle qu'exige le juge de paix, ou officier de police, pour laisser le prévenu en liberté, lorsqu'il n'a encore contre lui que des soupçons; ici, ces soupçons sont confirmés, et s'ils ne se sont pas encore tournés en évidence contre l'accusé, au moins se sont-ils convertis en présomptions qui ne permettent guères de douter qu'il ne soit coupable et qui doivent rendre les juges plus circonspects sur les dangers de son élargissement.

Si, au contraire, le prévenu a déjà été reçu à caution, l'ordonnance contiendra seulement l'injonction à l'accusé de paroître à tous les actes de la procédure, et d'élire domicile dans le lieu du tribunal criminel: le tout à peine d'y être contraint par corps. Art. 31.

Cette ordonnance, dit l'instruction, est signifiée à l'accusé, toujours par le directeur du juri, ainsi que l'acte d'accusation; celui-ci est tenu, en conséquence, dans le plus court délai, d'élire domicile dans la ville où est établi le tribunal criminel, et il doit faire notifier son élection de domicile au commissaire du roi près ce tribunal. S'il ne fait pas élection de domicile, et s'il ne se présente pas aux actes de la procédure où sa présence sera nécessaire, ou si, ayant fait élection de domicile, il ne comparoît pas lorsqu'il sera averti, le tribunal criminel, après avoir entendu le commissaire du roi, ordonne que, faute par lui d'avoir satisfait à l'ordonnance du..... il sera pris au corps et conduit en la maison de justice. Alors l'accusé peut être saisi par-tout où il est trouvé, comme il est dit, art. 29, pag. 59, pour ceux qui n'ont pas été reçus à caution.

Art. 33. Dans tous les cas, (*c'est-à-dire, soit que l'accusé ait été ou non reçu à caution*) il sera donné copie à l'accusé, tant de l'ordonnance de prise de corps, ou à l'effet de se représenter, que de l'acte d'accusation.

Art. 34. Si, sur l'ordonnance de prise de corps, l'accusé ne peut être saisi, l'on procédera contre lui comme contumace. (*Voyez à la fin de ce volume*).

Les Fonctions du juri d'accusation sont terminées; il est séparé. Celles du directeur du juri son remplies; un autre champ va s'ouvrir à l'accusé, il va comparoître devant le tribunal qui prononcera sa condamnation ou sa décharge, mais avant d'y être conduit, il est des cas où il peut choisir lui-même sur trois tribunaux criminels celui qui le doit juger : voici les dispositions de la loi à cet égard.

Titre VI, art. 2. Si le juri (*de district*) a déclaré qu'il y a lieu à accusation, le procès et l'accusé, dans le cas où il sera détenu (*arrêté*), seront envoyés, par les ordres du commissaire du roi (*du tribunal du district*), au tribunal criminel du département, et dans les 24 heures de la signification qui aura été faite à l'accusé de l'ordonnance de prise de corps.

Néanmoins, dans les cas ci-après, savoir : si le juri d'accusation est celui du lieu où est établi le tribunal criminel, ou si l'accusé est domicilié dans le district où siége le tribunal (*criminel*), l'accusé aura le droit de demander à être jugé par l'un des tribunaux criminels des deux département les plus voisins. Art. 3.

Le motif de la faveur que la loi accorde ici à l'accusé est de l'éloigner d'un lieu où il pourroit redouter que des haines particulières n'influassent sur le jugement qu'il attend; mais comme les préventions locales sont bien moins sensibles dans une cité nombreuse, où les habitans se connoissent à peine, communiquent moins entr'eux, sont plus distraits par la foule des événemens, que dans les petites villes, où chacun se connoît, où tout le monde, par conséquent s'aime ou se hait, et où la haine est toujours excessive à cause de la facilité qu'elle a de s'accroître par la vue de celui qui en est l'objet, l'assemblée nationale a borné, par l'article suivant, l'exercice du droit que le précédent accorde à l'accusé, aux villes dont la population ne s'élève pas à 40,000 ames; celle des autres est assez nombreuse pour ôter toute idée que les *jurés* et les juges aient un intérêt particulier à perdre l'accusé, ou puissent, par une criminelle condescendance, servir les passions de ses ennemis.

Art. 4. L'accusé ne pourra cependant exercer ce droit qu'autant que le tribunal criminel qu'il est autorisé à décliner dans les deux cas ci-dessus, se trouve établi dans une ville au-dessous de 40,000 ames.

Ainsi, ni à Paris, ni dans les autres grandes villes, où siègent les tribunaux criminels, l'accusé, quoique le délit ait été commis dans la ville, quoiqu'il y soit domicilié, quoique l'accusation contre lui ait été admise par le juri d'accusation de cette même ville, ne peut décliner le tribunal criminel du département pour en élire un autre.

Art. 5. Lorsque l'accusé se trouvera dans l'un des cas mentionnés dans l'article 3 ci-dessus, l'ordonnance de prise de corps, après avoir énoncé l'ordre de le conduire dans la maison de justice du tribunal criminel du département, dénommera, en outre, les tribunaux criminels les plus voisins, entre lesquels l'accusé pourra opter.

Le directeur du juri d'accusation doit faire attention à cet article en rédigeant l'ordonnance de prise de corps contre l'accusé.

Art. 6. Dans les cas mentionnés ci-dessus, si l'accusé est détenu dans la maison d'arrêt, il notifiera au greffe (*du tribunal du district*) son option, dans les 24 heures de la signification qui lui aura été faite de l'acte d'accusation, après lequel tems il sera envoyé à la maison de justice, soit du tribunal direct, soit de celui qu'il aura choisi; s'il y a plusieurs accusés qui ne puissent s'accorder sur le tribunal, il sera tiré au sort entr'eux.

L'instruction ajoute : « Dans le cas où il y auroit plusieurs accusés compris dans le même acte d'accusation, celui d'entr'eux qui seroit arrêté, en vertu de l'ordonnance de prise de corps, postérieurement à l'option faite du tribunal criminel par ses co-accusés, ou après leur envoi au tribunal direct, sera exclus de la faculté d'opter, quand bien même il seroit domicilié dans le district où siége le tribunal direct ».

Si, dans les mêmes cas, l'accusé n'avoit pu être saisi sur le mandat d'amener de l'officier de police, mais seulement en vertu de l'ordonnance de prise de corps, il sera conduit, par celui qui en est porteur, devant le juge de paix du lieu où il sera trouvé, pour y passer sa déclaration de l'option dont il vient d'être parlé, ou de son refus de la faire; de laquelle déclaration le juge de paix gardera minute, et délivrera expédition au porteur de l'ordonnance. Art. 7.

SECONDE PARTIE.

JURI DE JUGEMENT.

Maintenant (*Instruction de l'assemblée nationale*) que la personne arrêtée n'est plus détenue sur une simple prévention, mais en vertu d'une ordonnance de prise de corps; maintenant qu'il existe contre elle une accusation positive, elle va subir son jugement, et rester privée de sa liberté pendant l'instruction du procès, à moins qu'elle ne se trouve dans un des cas où la loi lui permet d'obtenir son élargissement en fournissant une caution.

Mais ce ne seront pas les mêmes *jurés* qui prononceront sur son accusation, (l'article 8, rapporté à la page 21, dit que nul ne pourra être *juré* de jugement dans la même affaire où il aura été *juré* d'accusation.); ici la scène change entièrement pour l'accusé; le lieu de sa détention n'est plus le même, il ne retrouve plus ni le tribunal, ni les *jurés*, ni aucun individu qui ont influé sur l'admission de l'acte d'accusation.

Les préventions personnelles, les impressions locales qui auroient pu déterminer une première décision contre l'accusé, s'effacent à une certaine distance du lieu du délit; de nouveaux *jurés*, d'autres juges vont statuer sur le sort de l'accusé; ainsi la loi n'a négligé aucun des moyens capables de le rassurer contre toute espèce d'influence défavorable.

Nul homme ne peut être poursuivi devant le tribunal criminel et jugé que sur une accusation reçue par un juri composé de huit citoyens. Titre VI, art. Ier.

Le tribunal criminel devant lequel l'accusé est conduit pour être jugé est situé dans la ville où siége l'administration du département; il est composé 1°. de trois juges, pris chacun, tous les trois mois, et par tour, dans les tribunaux de district du département; le président de ces tribunaux excepté. 2°. d'un président, d'un accusateur public et d'un greffier, nommés par les électeurs du département, 3°. d'un commissaire du roi (Voyez les notes 3, 4 et 5, pages 16, 22 et 23).

ACTES du tribunal criminel préalables à la convocation du juri de jugement.

Le porteur de l'ordonnance (*de prise de corps*) après avoir remis l'accusé dans la maison de justice du tribunal (*criminel*) direct, ou de celui qu'il aura choisi, remettra également au greffe la déclaration de l'accusé, (*contenant option du tribunal ou refus de la faire*) ainsi que l'ordonnance de prise de corps. Suite du titre VI, art. 8.

Le greffier donnera connoissance de Art. 9.

ces deux actes à l'accusateur public, et si le tribunal que l'accusé à préféré n'est pas le tribunal direct, l'accusateur public fera notifier ces actes au greffe du tribunal du district où l'accusation a été reçue, et sur la réquisition qu'il en fera, par l'acte même de notification, les pièces lui seront aussitôt renvoyées.

Art. 10. Dans tous les cas (*c'est-à-dire, soit que l'accusé ait choisi ou n'ait pas voulu choisir un autre tribunal*) vingt-quatre heures au-plus tard après son arrivée et la remise des pièces au greffe, l'accusé sera entendu par le président ou par l'un des juges qu'il (*le président*) commettra à cet effet, en présence de l'accusateur public; le greffier tiendra note de ses réponses, laquelle sera remise au président.

Art. 11. Les notes de l'interrogatoire, ainsi que les éclaircissemens, par écrit, qui auroient été pris par les officiers de police et le directeur du juri (*d'accusation*), seront envoyées au greffe du tribunal criminel, et remises au président, lequel en donnera connoissance à l'accusateur public; le tout, pour servir de renseignemens seulement.

Art. 12. Si l'accusateur public, ou la partie

produisent des témoins nouveaux, leurs dépositions seront faites et reçues, par écrit, par le président ou par le juge qu'il commettra à cet effet. Il en sera de même, à l'égard de ceux qui sont produits par l'accusé ; le tout, sans préjudice des témoins que l'accusé pourra toujours faire entendre, lors de l'examen : ces nouvelles dépositions, ainsi que les anciennes, seront toutes remises au président, pour servir de renseignemens seulement.

On remarquera que le président du tribunal criminel, ou le juge qui le remplace, exerce ici, et dans tout le reste de la procédure, les mêmes fonctions que le directeur du juri d'accusation, dans le tribunal de district. On observera aussi que les dépositions des nouveaux témoins, s'il y en a, sont *écrites*, et jointes à celles qui le sont déjà, mais que les unes, comme les autres, ne peuvent servir que de *renseignemens seulement*, et non d'autorités pour juger l'accusé.

Les témoins pourront néanmoins être entendus dans le débat, quoiqu'ils n'ayent pas été assignés ni reçus à déposer préalablement par écrit. Art. 16.

Tout accusé pourra faire choix d'un ou de deux amis, pour l'aider et lui servir de conseil dans sa défense, sinon le président lui en désignera un ; mais les conseils ne pourront jamais com- Art. 13.

muniquer avec l'accusé, que lorsqu'il aura été entendu. (12)

Art. 14. Les témoins seront tenus de comparoître sur l'assignation qui leur sera donnée, sous peine d'amende et de contrainte par corps, lesquelles peines seront prononcées par les officiers de police, tribunal de district ou tribunal criminel, devant lesquels les témoins auront été assignés pour déposer, à moins qu'ils ne présentent une excuse, laquelle sera jugée par le tribunal qui les aura assignés.

Art. 15. Chaque témoin qui demandera une indemnité, sera taxé par l'officier qui l'aura fait assigner, suivant un tarif uniforme, qui sera dressé, à cet effet, par les directoires de département.

---

(12) L'impéritie, l'ignorance, la timidité d'un accusé peuvent l'empêcher d'établir ses moyens de défense, la justice commandoit aux législateurs de lui accorder un avocat; ils l'ont fait; l'accusé a le droit de se choisir un conseil avec lequel il puisse conférer librement, qui se charge de défendre sa cause, d'éclairer les jurés sur les circonstances du délit qui lui sont favorables, de suppléer enfin à son incapacité.

Le conseil d'un accusé a le droit d'être présent à tous les actes de l'instruction qui se font devant les jurés, mais il ne peut y parler au nom de l'accusé, ni lui suggérer ce qu'il doit dire ou répondre.

Convocation des Jurés de jugement.

Nous avons vu, page 22, que le nombre de *douze jurés* est absolument nécessaire, pour former un *juri de jugement*, et que le président du tribunal criminel, comme directeur de ce juri, est tenu de former, le premier de chaque mois, le *tableau* des douze jurés qui, lorsqu'il y a quelqu'affaire à juger, doivent s'assembler le 15 du mois pour lequel ils sont nommés, sur la convocation que le président doit en faire, dès le 5 du mois. (13)

L'accusateur public sera tenu, aussitôt après l'interrogatoire (*dont parle l'article 10, page 68*) de faire ses diligences de manière que l'accusé puisse être jugé à la première assemblée du juri, qui suivra son arrivée (*dans la maison de justice du tribunal*). Art. 19.

Si l'accusateur public ou l'accusé ont des motifs de demander que l'affaire ne soit pas portée à la première assemblée du juri, ils présenteront leur requête en prorogation de délai au tribunal criminel, lequel décidera si cette prorogation doit, ou non, être accordée. Art. 20.

(13) Quoique la loi n'ordonne qu'une assemblée du juri par mois, elle ne défend pas de le convoquer plusieurs fois si le nombre des procès criminels portés au tribunal l'exige.

Art. 21. Si le tribunal criminel juge qu'il y a lieu d'accorder la demande, ce délai ne pourra néanmoins être prorogé au-delà de l'assemblée des jurés, qui aura lieu le 15 du mois suivant.

Art. 22. La requête en prorogation de délai, sera présentée avant le 5 de chaque mois, époque de la convocation du juri.

Titre XI, art. 10. Le tableau des 12 jurés de jugement, sera présenté à l'accusé, qui pourra, dans les 24 heures, récuser ceux qui le composent ; ils seront remplacés par le sort, *de la même manière qu'ils ont été élus.* (Voyez *l'article 9, page 23*).

Art. 11. Si l'accusé avoit exercé vingt récusations, celles qu'il voudroit présenter ensuite, devront être fondées sur des causes dont le tribunal jugera la validité.

Cet article fait entendre que l'accusé peut encore récuser huit de ces nouveaux *jurés*, et qu'il n'est obligé de donner aucuns motifs des vingt récusations qu'il a le droit d'exercer ; mais, à la vingt-unième, s'il est possible qu'il croye devoir éloigner les vingt premiers *jurés* qui lui sont présentés, il est tenu d'en alléguer.

Art. 12. Cette récusation de 20 jurés pourra être faite par plusieurs co-accusés, s'ils s'ils se concertent ensemble pour l'exercer; et s'ils ne peuvent s'accorder, chacun d'eux, séparément, pourra récuser dix jurés.

Dans ce dernier cas, chacun d'eux récusera successivement un des jurés, jusqu'à ce que la faculté de récuser soit épuisée. Art. 13.

Lorsque les *douze jurés* convoqués par le président, ont été admis par l'accusé, ou que *douze* autres, sur ces récusations, les ont remplacés, ces *douze jurés* s'assemblent au jour fixé, pour former le *juri de jugement*, dans l'intérieur de l'auditoire; là, se trouvent, chacun à leur place, les juges, l'accusateur public et le commissaire du roi: l'accusé est aussi présent. Les portes sont ouvertes au public.

Tous les accusés compris dans le même acte d'accusation, seront jugés par le même juri. Titre VII, art. 35.

S'il y a plusieurs co-accusés, le tribunal déterminera celui qui sera le premier présenté au débat, (14) en commençant toujours par le principal accusé, s'il y en a un; les autres co-accusés qui y seront présens, pourront y Art. 36.

(14) Le DÉBAT est la contestation qui s'établit sur le fait entre l'accusé ou ses conseils et les témoins lors de leur confrontation, ou, entre les témoins favorables à l'accusé et sa partie adverse ou l'accusateur public.

faire leurs observations ; il sera fait ensuite un débat pour chacun d'eux, sur les circonstances qui lui seront particulières.

On va voir dans le paragraphe suivant, les formes que la loi établit pour ce débat.

Leur serment.

Titre VI, art. 24. Le président, en présence du public, du commissaire du roi, de l'accusateur et de l'accusé, ou des accusés, fera prêter à chaque juré, séparément, le serment suivant :

CITOYENS,

« Vous jurez et promettez d'examiner, avec l'attention la plus scrupuleuse, les charges portées contre *un tel*, . . de n'en communiquer avec personne, jusqu'après votre déclaration ; de n'écouter, ni la haine, ni la méchanceté, ni la crainte ou l'affection ; de vous décider d'après les charges et moyens de défense, et suivant votre conscience et votre intime conviction, avec l'impartialité et la fermeté qui conviennent à un homme libre. »

Ce serment se fait, en répondant : *je le jure.*

Le serment prêté, les jurés prendront place, tous ensemble, sur des sièges séparés du public et des parties, et ils seront placés en face de l'accusé et des témoins. Art. 25.

Les trois *jurés* adjoints, dont il a été parlé dans l'observation qui suit l'article 9, page 24, se placent aussi dans l'auditoire, mais séparément des autres ; ils n'ont de fonctions, et ne prêtent même de serment, que lorsqu'ils sont requis de se joindre aux autres *jurés*, quand le tribunal criminel a jugé unanimement que ceux-ci se sont trompés dans leur déclaration contre l'accusé.

Leurs fonctions.

A compter de ce moment, les *jurés* ne peuvent plus communiquer avec personne, par écrit, parole ou geste, tant qu'ils seront dans l'auditoire, à moins qu'ils n'ayent des éclaircissemens à demander; ce qu'ils peuvent faire de la manière qui sera expliquée plus bas.

En présence des juges, de l'accusateur public, du commissaire du roi, des jurés et du public, l'accusé comparoîtra à la barre, libre et sans fers : le président lui dira qu'il peut s'asseoir, lui demandera ses noms, âge, profession et demeure, dont il sera tenu note par le greffier. Titre VII, art. Ier.

La loi a voulu écarter de l'accusé tout ce qui pourroit influencer sa liberté morale, en gênant sa liberté physique; il peut cependant y avoir des gardes autour de l'accusé, pour l'empêcher de s'évader.

Art. 2. Le président avertira l'accusé d'être attentif à tout ce qu'il va entendre, il ordonnera au greffier de lire l'acte d'accusation; après quoi, il dira à l'accusé: « voilà de quoi l'on vous accuse: » vous allez entendre les charges qui » seront produites contre vous. »

L'instruction de l'assemblée nationale porte, que la même chose se pratiquera s'il y a plusieurs co-accusés, et que le président doit encore, avant d'adresser ces paroles à l'accusé, lui rappeler, le plus clairement possible, ce qui est contenu dans l'acte d'accusation.

Il est bon de remarquer que le président dit: *Les charges qui* SERONT, et non, les charges qui sont ou qui ont été, parce que les dépositions déjà écrites ne sont point des charges, mais de simples renseignemens.

C'est ici le lieu de rapporter ce que l'assemblée nationale dit dans son *instruction* sur les importantes fonctions du président du tribunal criminel, qui dirige le *juri de jugement* et l'instruction de la procédure.

« Quelle probité, quelle sagacité, quelle expérience du cœur humain ne sont pas requises en celui que la loi investit d'une si grande confiance! Il devra se pénétrer profondément du sentiment de ses devoirs et de la nature de l'institution sublime dont il est le principal moteur. Toutes les questions soumises au juri, sont des questions de fait très-importantes, et pour l'individu accusé du fait, et pour la société qui en recherche l'auteur. »

« La vérité de ces faits doit être poursuivie avec bonne foi, avec franchise, avec loyauté, avec un vrai et sincère desir de parvenir à la connoître. Rien de ce qui peut servir à la rendre palpable, ne doit être négligé. Tous les moyens d'éclaircissemens proposés par les parties, ou demandés par les *jurés* eux-mêmes, s'ils peuvent effectivement jetter un jour utile sur le fait en question, doivent être mis en usage; aucun ne doit être rejeté, que ceux qui tendroient inutilement à prolonger le débat sans donner lieu d'espérer plus de certitude dans les résultats; et comme toutes les demandes des parties ou des *jurés* doivent s'adresser au président du tribunal criminel, il est sensible que le cœur le plus pur et l'esprit le plus droit, sont les bases de la confiance de la loi, quand elle se repose sur ce président, du soin de rendre, d'après les circonstances, une multitude de décisions, sur lesquelles on ne peut lui tracer d'avance aucune règle. »

L'accusateur public exposera le sujet de l'accusation, il fera entendre ses témoins, ainsi que la partie plaignante, s'il y en a; les témoins, avant de déposer, prêteront serment de parler *sans haine et sans crainte; de dire la vérité, toute la vérité, rien que la vérité.* Art. 3.

Les témoins contre l'accusé sont entendus avant ceux qu'il peut produire en sa faveur.

Art. 4. La liste des témoins qui doivent déposer, sera notifiée à l'accusé, 24 heures au moins avant l'examen.

C'est le directeur du juri, c'est-à-dire, le président du tribunal, qui fait prêter serment aux témoins, individuellement. L'accusé doit déjà connoître leurs noms; la loi ordonne que la liste lui en soit notifiée d'avance, afin qu'il ait le tems de les connoître, de savoir quel degré de foi ils méritent, et de prévoir les objections qui peuvent s'attacher à leurs personnes et lui fournir des motifs de récusation.

Jusqu'ici la connoissance des témoins qui ont été entendus devant le juri d'accusation a été dérobée à l'accusé, dans la crainte qu'il ne parvînt à les faire séduire; c'est un des motifs du secret que les *jurés* d'accusation promettent, par leur serment, d'observer. [15]

Art. 5. L'examen des témoins sera toujours fait de vive voix, et sans que leurs dépositions soient écrites.

Lisez la remarque qui suit l'article 20 page 48. Nous y ajouterons l'extrait

---

(15) Un mari ne peut déposer contre sa femme, ni une femme contre son mari. Les ascendans ne peuvent aussi être entendus en témoignage contre leurs descendans, et réciproquement; il en est de même d'un frère et d'une sœur contre leurs frères et sœurs et des alliés au même degré.

suivant d'un ouvrage anglais, sur les avantages de la déposition orale, (de bouche) en présence des jurés, sur la déposition écrite :

« La déposition orale, faite sous les yeux d'un nombreux public, est tout autrement favorable à l'éclaircissement de la vérité que la déposition secrette, et mise en écrit devant le juge par un greffier .... Usage (l'écriture) à la faveur duquel un témoin foible, équivoque ou malhonnête homme, osera déposer dans le particulier ce qu'il eût rougi d'attester à la solemnité de l'audience; un greffier, peu honnête ou peu attentif, fera, par sa rédaction, dire aux témoins une chose qui n'étoit ni dans leur récit, ni dans leur intention. Au contraire, lorsque la déposition est publique, le témoin, s'il a été mal entendu, a la liberté de corriger et d'expliquer ce qu'il a voulu dire; ce qui devient impossible, quand une rédaction par écrit a fixé sa déposition. Ensuite, ces interrogations occasionnelles, inattendues, avec lesquelles le juge, les *jurés*, les conseils, les parties peuvent presser le témoin sur-le-champ, sont des armes bien plus puissantes pour arriver à la connoissance de la vérité, qu'une série précise de questions mises par écrit, et préparées d'avance avec une sorte de méthode. La confrontation des témoins est encore, pour obtenir la vérité, un moyen qui ne souffre de comparaison avec nul autre mode de procéder. Ce n'est pas non plus une chose de médiocre importance que la présence du juge pendant cet examen; car, outre le respect et la vénération qu'il impose, son expérience dans les affaires, et cette sagacité dont il a contracté l'habitude, lui servent à conserver la preuve dans son intégrité, en empêchant le témoin de s'écarter du point de la contestation. Enfin, c'est par ce mode de la déposition orale, et par lui seul, que les personnes chargées de prononcer sur les preuves (les jurés), ont la faculté d'observer la qualité, l'âge, l'éducation, l'intelligence, la conduite et la disposition des témoins. Vous conviendrez que, sous ces différens rapports, toutes personnes paroissent les mêmes, lorsque leurs dépositions sont rédigées par écrit et lues aux juges (jurés), en l'absence de ceux qui les ont faites.... On peut très-souvent tirer plus d'inductions de la manière dont une déposition est rendue que de la déposition elle-même. » (**)

Art. 7. Le témoin sera toujours tenu de déclarer d'abord si c'est de l'accusé présent qu'il entend parler, et s'il connoissoit l'accusé avant le fait qui a donné lieu à l'accusation.

Art. 8. Il sera demandé au témoin s'il est parent, allié, serviteur et domestique d'aucune des parties.

C'est le président qui adresse la parole à l'accusé et aux temoins. Quand les parties, l'accusateur public ou les *jurés* (16) veu-

---

(**) Du juri en matière civile et criminelle, traduit de Blackstone, par Cl. Fr. BLANC, homme de loi, page 49.

(16) La loi du 16 septembre 1791, ne dit point que les jurés puissent questionner les témoins ou s'adresser au président pour lui fournir des ques-

lent faire quelques questions aux témoins, ils ne le peuvent qu'en les adressant au président, qui les répète à celui qui est interpellé.

Après chaque déposition, le président demandera à l'accusé s'il veut répondre à ce qui vient d'être dit contre lui; l'accusé pourra, ainsi que ses amis ou conseils, dire, tant contre les témoins que contre leur témoignage, ce qu'il jugera utile à sa défense, (*et même les interroger, en adressant les questions au président*). Art 6.

Rien ne doit distraire les *jurés* pendant l'audition des témoins et les réponses de l'accusé; c'est de l'attention qu'ils y prêtent, et de leurs observations que dépend le jugement qu'ils vont porter; et s'ils réfléchissent que le déshonneur ou la mort d'un citoyen sera la suite de ce jugement, quelle application ne doivent-ils pas donner à tout ce qui peut les convaincre de la vérité? Beaucoup de citoyens ont négligé jusqu'ici de se

---

tions à leur faire; les articles 6 et 9, que nous verrons tout-à-l'heure, ne donnent ce droit qu'à l'accusé ou à ses conseils, à l'accusateur public et à la partie plaignante. Cependant, l'instruction dit expressément: (Voyez à la suite de l'article 2 page 77 ce qui a rapport aux fonctions du président) « comme toutes les demandes (en éclaircissemens) des parties ou des jurés, doivent s'adresser au président du tribunal criminel » ce qui ne laisse aucun doute, malgré le silence de la loi à cet égard, que les jurés ne puissent pendant le cours du débat s'adresser au président pour les éclaircissemens dont ils ont besoin.

faire inscire sur la liste des *jurés de jugement*, parce qu'ils redoutent l'importance de cette honorable fonction ; cette crainte fait l'éloge de l'institution des *jurés*; c'est qu'elle exige des hommes extrêmement purs, c'est que tous ne sont pas dignes d'en remplir les devoirs ; quiconque ne se sent pas un cœur droit ne peut les exercer ; ce salutaire établissement aura le double avantage d'être utile aux accusés et d'améliorer nos mœurs ; ses détracteurs ne le calomnient que parce qu'ils sentent que tel doit être son effet. Quel homme ne sera plus circonspect dans ses actions, lorsqu'il songera que son titre de citoyen l'oblige de monter, quand il en sera requis, sur le tribunal, pour en juger un autre ? Qui osera, sans remords, condamner un coupable, quand sa propre conscience lui reprochera un crime ? et s'il l'absout, combien ne se rendra-t-il pas encore plus criminel ? L'homme bon et vertueux ne redoutera point la responsabilité morale qu'entraînent les fonctions de *juré*, parce qu'il prononcera toujours d'après sa conscience et avec un cœur pur ; l'homme qui craint cette responsabilité est celui qui n'est point en paix avec sa conscience ; ce qu'il croit être l'effet de sa délicatesse n'est que l'aveu tacite de sa honte.

Art. 9. Lorsque les témoins de l'accusateur public et de la partie plaignante, s'il y en a, auront été entendus, l'accusé pourra faire entendre les siens ; l'accusateur public ou la partie plaignante pourront également s'adresser au président pour les questionner, et dire, sur eux ou leur témoignage, tout ce qu'ils jugeront nécessaire.

L'accusé pourra faire entendre des témoins, (*indépendamment de ceux qu'il produit pour se justifier du fait qu'on lui impute*) pour attester qu'il est homme d'honneur et de probité, d'une conduite irréprochable; les jurés auront tel égard que de raison à ce témoignage. Art. 14.

La loi, dit l'*instruction* de l'assemblée nationale, en recommandant aux *jurés* d'avoir *tel égard que de raison* aux témoignages de cette dernière espèce, n'a pas voulu cependant priver l'accusé d'une ressource que les circonstances et la confiance que peuvent mériter les témoins, pourroient rendre très-précieuse à sa justification.

Ils (*les témoins*) ne pourront jamais s'interpeller entr'eux. Art. 10.

Les témoins seront entendus séparément; néanmoins, l'accusé pourra, par lui-même, ou par ses amis ou conseils, demander qu'ils soient entendus en présence les uns des autres; il pourra demander encore, après qu'ils auront déposé, que ceux qu'il désignera se retirent de l'auditoire, et qu'un ou plusieurs d'entr'eux soient introduits et Art. 11.

entendus de nouveau, séparément ou en présence les uns des autres.

Art. 12. L'accusateur public aura la même faculté à l'égard des témoins produits par l'accusé. (17)

Art. 16. Pendant l'examen, les jurés et les juges pourront prendre note de ce qui leur paroîtra important, pourvu que la discussion n'en soit pas interrompue.

L'*instruction* observe que cet examen, les débats et la discussion qui en seront la suite, ne seront point rédigés par écrit; ce n'est que pour aider leur mémoire que les juges et les *jurés* peuvent prendre de simples notes.

Art. 17. Tous les effets trouvés lors du délit ou depuis, pouvant servir à conviction, seront représentés à l'accusé, et il lui sera demandé de répondre personnellement s'il les reconnoit.

Dans les cas où l'accusé, (*Instruction de l'assemblée nationale*) les témoins ou l'un deux, les *jurés* ou l'un deux, ne parleroient pas le même langage et auroient besoin d'un interprête pour s'entendre et se communiquer leurs pensées dans le débat, le président du

---

(17) Article 41 du même titre. Si la déposition d'un témoin est évidemment fausse, le président, d'office, en fera dresser procès-verbal, et pourra, sur la réquisition de l'accusateur public ou de l'accusé, faire arrêter sur-le-champ le témoin, et après avoir reçu les éclaircissemens, délivrer un mandat d'arrêt contre lui et le renvoyer devant le juri d'accusation du lieu; l'acte d'accusation, dans ce cas, sera dressé par le président.

tribunal criminel en fera appeler un, qui soit âgé de 25 ans au moins, et lui fera prêter serment de traduire fidèlement, et suivant sa conscience, le discours qu'il sera chargé de transmettre entre ceux qui parlent des langages différens. L'accusé et l'accusateur public pourront récuser l'interprête en motivant leur récusation; les motifs seront jugés par le tribunal. (18)

Pendant toute l'instruction le commissaire du roi, qui est tenu d'y être présent, peut toujours faire aux juges, au nom de la loi, toutes les réquisitions qu'il juge convenables pour la faire observer; mais le tribunal criminel ni son président, comme directeur du juri, ne sont pas obligés de déférer à ses réquisitions, et l'instruction ni le jugement n'en peuvent être arrêtés ni suspendus; sauf au commissaire du roi à se pourvoir en cassation après le jugement.

A la suite des dépositions, l'accusateur public sera entendu, (*pour expliquer les moyens par lesquels il prétend justifier l'accusation*), la partie plaignante pourra demander à faire des observations: Art. 18.

L'accusé ou ses amis (*ou conseils*) pourront leur répondre.

Les conseils prêteront serment de Art. 13.

---

(18) Les officiers de police, directeurs du juri d'accusation et présidens des tribunaux criminels peuvent également appeler des interprêtes, toutes les fois qu'ils en ont besoin pour recevoir des déclarations et dépositions.

n'employer que la vérité dans la défense des accusés, et seront tenus de s'exprimer avec décence et modération.

Lorque l'instruction est terminée, quand les *jurés* ont entendu contradictoirement les témoins pour et contre l'accusé, les moyens de l'accusateur public et ceux de ses conseils, alors le président résume l'affaire, la réduit à ses points les plus simples, et rappelle aux *jurés* les principales preuves à la charge et à la défense de l'accusé.

Art. 19. Le président résumera l'affaire, fera remarquer aux jurés les principales preuves pour et contre l'accusé, il terminera en leur rappelant, avec simplicité, les fonctions qu'ils ont à remplir, et en posant nettement les diverses questions qu'ils doivent décider, relativement au *fait*, à son *auteur* et à *l'intention*.

Ce résumé est destiné à éclairer le juri, à fixer son attention, à guider son jugement requis; il ne doit pas gêner sa liberté d'opinion. Les *jurés* doivent au juge respect et déférence, ils doivent même lui obéir en tout ce qui ne concerne que la police de l'auditoire, mais ils ne lui doivent point le sacrifice de leur opinion, dont ils ne sont comptables qu'à leur propre conscience.

Questions à résoudre par les jurés de jugement.

Art. 20. Le président dira aux jurés qu'ils

doivent d'abord déclarer si le fait de l'accusation est constant ou non, (*c'est-à-dire, si le délit dénoncé existe réellement*) ; ensuite, si *un tel*, qui est accusé, est ou non convaincu de l'avoir commis.

Le président posera ensuite les questions relatives à l'intention, résultantes de l'acte d'accusation, ou qu'il jugera résulter de la défense de l'accusé, ou du débat ; il disposera ces questions suivant l'ordre dans lequel elles doivent être décidées, en commençant par les plus favorables à l'accusé ; il les remettra par écrit au chef des jurés, lesquels seront tenus d'y délibérer. Art. [illegible]

L'instruction de l'assemblée nationale, qui, suivant la remarque du ministre de la justice lui-même, dans sa justification du mois de mars 1792, n'est pas toujours d'accord avec le texte de la loi et plus souvent encore y ajoute, porte : « le président, *après avoir pris l'avis du tribunal sur la manière de poser les questions*, les posera en présence du public, de l'accusé, de ses conseils, et des *jurés*, auxquels il les remettra par écrit et arrangées dans l'ordre dans lequel ils devront en délibérer. L'accusé, ses conseils, et l'accusateur public pourront lui faire quelques observations à cet égard, s'ils le jugent nécessaire, et les *jurés* délibéreront sur ces questions dans l'ordre où elles auront été présentées par le juge. » Cet article de l'instruction impose, comme on voit, au directeur du juri de jugement, l'obligation de prendre l'avis des autres juges sur la manière de poser les questions qui doivent être soumises à la décision du juri, et le directeur doit s'y conformer. Par-tout où l'instruction ajoute à la loi sans la contredire, elle doit être exécutée comme la loi même, mais lorsqu'elle contredit ou qu'elle n'est point conforme à la loi, c'est celle-ci qu'il faut suivre.

Les *jurés* ont en effet besoin d'être guidés sur la position des questions différentes qu'ils doivent se proposer, principalement sur la moralité du fait, c'est-à-dire sur le sentiment qui l'a fait commettre; leur inhabitude des fonctions judiciaires, si la loi leur eût abandonné la détermination de ces questions, eût pu leur en faire omettre d'essentielles, ou exciter entr'eux des débats sur la manière de les fixer. C'est pour éviter ces inconvéniens et ces difficultés, qui auroient pu prolonger beaucoup leur opération, et quelques fois même les jetter dans des embarras dont ils auroient eu peine à sortir, qu'elle a confié au juge qui préside et dirige ce débat, le soin de recueillir attentivement les différentes questions relatives à l'intention, auxquelles la nature du fait et des charges peut donner ouverture, pour les indiquer au juri, et fixer sur cet objet sa délibération, de concert avec le tribunal.

Les *jurés* ont, comme ont voit, trois sortes de questions à décider, celles qui ont rapport au *fait*, celles qui sont relatives *à la personne* et *à l'intention* du coupable.

L'article ci-dessus dit: que le président remettra au chef des *jurés* les questions *par écrit*, mais il ne parle que des questions seulement et non des autres pièces de la procédure; nous savons en effet que les *jurés* devant déterminer leur opinion d'après les seules dépositions orales, ne peuvent avoir communication des dépositions écrites, mais la loi ne dit point que l'acte même d'accusation dont ils ont déjà entendu la lecture dans l'auditoire, doive leur être remis, quoique cet acte paroisse indispensable pour prononcer le jugement qu'ils sont chargés de porter; nous verrons, à la suite de l'article 22, que l'instruction a encore suppléé ici au silence de la loi, en désignant les pièces du procès que le *juri de jugement* doit examiner.

Le président ordonnera aux jurés de se retirer dans leur chambre; ils y resteront sans pouvoir communiquer avec personne: le premier inscrit sur le tableau sera leur chef. Art. 22.

Le président ordonne en même tems de reconduire l'accusé dans la maison de justice.

Il est inutile de répéter ici ce que nous avons dit, page 54, sur les motifs de prudence qui interdisent aux *jurés* toute communication extérieure avant d'avoir prononcé leur déclaration. La loi est à cet égard beaucoup plus sévère en Angleterre qu'en France. Après le résumé du président, les *jurés* se retirent; « mais pour éviter qu'ils ne se laissent aller à l'intempérance, à la perte du tems, il est statué qu'ils doivent rester, à moins d'une permission expresse de la cour, (*du tribunal*,) sans manger, sans boire, sans feu, sans lumière, jusqu'à ce qu'ils soient tous d'un *avis unanime*. »

On sent aisément ce que ce moyen coercitif a de dangereux. Si l'avis des *jurés* est partagé, la faim les forcera de sacrifier le sentiment de leur conscience au besoin de leur propre existence. Rarement un jugement prononcé dans une telle extrémité sera juste, l'innocent sera condamné ou le coupable absous; plus sage et plus humaine, la loi, chez nous, n'exige point des douze jurés une déclaration unanime, qu'il faudroit souvent acheter au même prix; il suffit que dix *jurés* reconnoissent le crime pour qu'il soit puni, mais s'ils ne sont que neuf de cet avis, l'opinion des trois autres l'emporte en faveur de l'accusé. (*Voyez* ci-dessous, l'art 28).

Examen de ces questions.

Nous allons rapporter mot à mot les préceptes que *l'instruction* de l'assemblée nationale donne aux *jurés*, sur la manière dont ils doivent agir lorsqu'ils sont retirés de la présence du public et des juges, et livrés, pour ainsi dire, à eux-mêmes.

« Ils doivent examiner les pièces du procès, parmi lesquelles il ne faut pas comprendre les déclarations écrites des témoins, qui ne doivent pas être remises au juri, *mais seulement l'acte d'accusation, les procès-verbaux et autres pièces semblables.* C'est sur ces bases, et particulièrement sur les dépositions et le débat qui ont eu lieu en leur présence, qu'ils doivent asseoir leur conviction personnelle; car, c'est de leur conviction personnelle qu'il s'agit ici, c'est elle que la loi leur demande d'énoncer, c'est à elle que la société, que l'accusé s'en rapportent. (19) La loi ne leur demande pas compte

---

(19) Dans notre ancienne jurisprudence criminelle la conviction des juges n'étoit pas toujours la suite des preuves légales d'après lesquelles ils prononcoient, il arrivoit quelquefois qu'ils condamnoient sans être personnellement convaincus; la loi ordonnoit de condamner ou de renvoyer d'après telles ou telles preuves, ils obéissoient à la loi, sans cependant que ces preuves eussent porté dans leurs âmes le sentiment profond de la conviction. Si, par exemple, un certain nombre de déposans, que la loi déterminoit, s'accordoient dans leurs dépositions contre l'accusé, les juges déclaroient, d'après la loi, l'accusé atteint et convaincu. Aujourd'hui, les preuves légales sont abolies, les jurés ne prononcent que d'après leur conviction intime; quel que soit le nombre des témoins; quelles que soient les preuves alléguées contre ou pour l'accusé, si ces preuves, si ces témoins n'ont pas détruit tous les doutes que le juré a dû conserver jusqu'ici, s'ils n'ont pas forcé, pour ainsi dire, son esprit à se rendre à l'évidence, il ne peut prononcer d'une manière décisive sur les questions qui lui sont soumises. Un fait arrivé en Angleterre et qui ne peut être maintenant trop connu, fera sentir l'utilité et le besoin de ne prononcer un jugement que d'après sa propre et entière conviction, et avertira en même tems les jurés de se tenir en garde contre les preuves mêmes qui portent avec elles le caractère de l'évidence.

« Dans un procès d'assassinat toutes les preuves judiciaires s'étoient réunies contre l'accusé ; l'arme meurtrière lui appartenoit et s'étoit trouvée dans sa main ; ses habits étoient souillés de sang, son trouble à l'aspect du cadavre, le désordre de sa réponse devant le juri ressembloient à une confession. Des douze jurés onze sont PÉNÉTRÉS DE L'ÉVIDENCE, et prononcent unanimement la condamnation; un seul s'y refuse, et nul argument, nulles instances ne le ramènent ; le jour entier se passe, et puis la nuit, et puis un second jour, la nature demande impérieusement les secours physiques, la loi les refuse, (elle ordonne que les

des moyens par lesquels ils se sont formé une conviction; elle ne leur prescrit point des règles auxquelles ils doivent attacher particulièrement la plénitude et la suffisance d'une preuve; elle leur demande de s'interroger eux-mêmes dans le silence et le recueillement, et de chercher dans la sincérité de leur consience, quelle impression ont faites sur leur raison les preuves rapportées contre l'accusé et les moyens de sa défense. La loi ne leur dit point: « vous tiendrez pour vrai tout fait attesté par tel ou tel nombre de témoins, ou vous ne regarderez pas comme suffisamment établie, toute preuve qui ne sera pas formée de tant de témoins et de tant d'indices «; elle ne leur fait que cet seule question qui renferme toute la mesure de leur devoir: *avez-vous une intime conviction?* »

« Ce qu'il est bien essentiel de ne pas perdre de vue, c'est que toute la délibération du *juri de jugement* a pour base l'acte d'accusation; c'est à cet acte qu'ils doivent s'attacher : leur mission n'a pas pour objet la poursuite des délits, ils ne sont appelés que pour décider si l'accusé est coupable, ou non, du crime dont on l'accuse. »

« Et d'abord, avant de chercher si l'accusé est coupable, ils doivent examiner si le délit est constant; car, en vain cherche-

---

jurés ne se sépareront que quand ils seront tous du même avis) « Je mourrai de faim, dit le juré, « mais JE NE SUIS PAS CONVAINCU. » Enfin, après une nouvelle discussion, les onze reviennent à l'avis du douzièmeet l'accusé est acquitté. « C'étoit le juré lui-même qui avoit fait le meurtre. »

roit-on un coupable, s'il n'existoit pas un délit. »

« Lorsqu'ils se sont assurés qu'il en existe un, ils examinent si l'accusé dénommé en l'acte d'accusation est, ou non, convaincu de ce même délit. Mais la loi a porté plus loin encore la prévoyance; et comme c'est l'intention qui fait le crime, elle a voulu que les *jurés*, quoique certains du fait matériel, et connoissant son auteur, pussent scruter les motifs, les circonstances et la moralité du fait : un délit involontaire, ou commis sans l'intention de nuire, ne peut pas être l'objet d'une punition; d'un autre côté, il peut arriver que la nature de l'accusation ait changé par la défense de l'accusé et les preuves fournies par lui. Nous rendrons ces observations encore plus sensibles par des exemples, et on reconnoîtra qu'il seroit impossible, sans une injustice révoltante, d'astreindre les *jurés* à s'en tenir strictement au contenu de l'acte d'accusation; la loi leur ordonne donc, lorsqu'ils ont trouvé que le délit existe, et que l'accusé est convaincu de l'avoir commis, de faire une troisième déclaration d'équité, sur les circonstances particulières du fait, soit pour déterminer, si le délit a été commis volontairement ou involontairement, avec ou sans dessein de nuire, soit pour prononcer en atténuation du même genre de délit. »

« Cette marche, qui est nécessairement conforme à la raison, puisqu'elle est absolument prescrite par la justice, sera donc facile à suivre dans sa pratique; car les institutions raisonnables s'apprennent aisément, et se gravent comme le souvenir d'un bienfait dans la mémoire des hommes ; ainsi, les *jurés* et les juges s'en pénétreront en peu de tems : mais il est bon de ne négliger aucun des développemens qui peuvent lever les premiers embarras causés par le défaut d'habitude et d'expérience : c'est dans cet esprit que nous allons analyser l'opération des *jurés*. »

« Ils délibéreront d'abord sur l'existence matérielle du fait, qui avoit constitué le corps du délit. »

« Après avoir reconnu l'existence du fait, ils délibéreront sur l'application de ce fait à l'individu accusé, pour reconnoître s'il en est l'auteur. »

« Enfin, ils examineront la moralité du fait, c'est-à-dire, les circonstances de volonté, de provocation, d'intention, de préméditation, qu'il est nécessaire de connoître pour savoir à quel point le fait est criminel, et pour le définir par le vrai caractère qui lui appartient. »

« La première question à laquelle doivent répondre les *jurés*, porte donc sur l'existence du fait qui est l'objet de l'accusation. S'il s'agit d'un assassinat, d'un incendie, d'un faux, l'existence d'un tel fait est toujours facile à séparer des autres idées accessoires, telles que celles de l'auteur du crime, et des intentions dans lesquelles il a été commis : l'inspection du cadavre, de la maison brûlée, ou de la pièce falsifiée, rend la certitude de ces faits absolument complette, indépendamment des notions ultérieures sur le nom du coupable, et sur les motifs qui l'ont fait agir. »

« Dans le crime de vol, au contraire, il

peut quelquefois paroître plus difficile de séparer le fait matériel de l'intention ; la définition même du vol, telle qu'elle a été conçue par les jurisconsultes, prête à cette confusion de pensées, en ce qu'elle renferme une partie intentionnelle, et n'attache l'idée précise de vol, qu'à l'intention de voler. »

« Mais, il n'est pas moins vrai que tout vol suppose la soustraction d'un effet quelconque à la possession de celui qui en étoit le détenteur ; et si toute soustraction d'un effet n'est pas nécessairement un vol, tout vol, au moins, suppose cette soustraction, qui est le fait matériel, sur lequel, avant tout, les *jurés* doivent donner leur déclaration. »

« Chacun se formera donc (avant d'aller faire sa déclaration) une conviction intime sur ce premier point : *le fait est-il constant ?* »

Quand l'existence du fait est reconnue par les *jurés*, ils doivent examiner, si c'est l'accusé qui l'a commis, et lorsqu'ils en sont convaincus, ils passent à l'examen de la troisième question, que je divise en plusieurs branches, et qui demande à être considérée avec quelques détails.

« Il s'agit ici d'examiner la moralité de l'action, et il est des actions qui, par leur nature, sont plus ou moins susceptibles que d'autres de changer de caractère, suivant qu'elles sont produites par des intentions différentes. »

« Par exemple, une fausse signature n'admet pas des circonstances atténuantes, et ne peut pas trouver son excuse dans ses motifs; on ne commet point un faux involontairement, ni pour une défense légitime, ni emporté par un premier mouvement, ce crime porte avec lui le caractère de la volonté décidée et de la préméditation. »

« Au contraire, la mort donnée à un homme, ce qui s'exprime par le mot générique et indéfini *d'homicide*, est un fait susceptible des modifications les plus étendues, en sorte que le même fait matériel peut recevoir, des circonstances qui l'accompagnent, toutes les nuances que l'on peut concevoir entre un crime atroce et un acte légitime ; c'est-pourquoi nous choisirons l'homicide pour servir d'exemple à la subdivision de la troisième question, qui porte sur la moralité intentionnelle du fait. »

« Nous supposons que l'homicide soit déclaré constant par les *jurés*, et que l'accusé soit reconnu pour en être véritablement l'auteur, alors plusieurs circonstances peuvent être essentielles à distinguer. »

« L'accusé peut avoir commis le crime en défendant sa vie, ou, ce qui revient au même, en défendant la vie d'une personne qu'on vouloit assassiner devant ses yeux ; dans ce cas, l'homicide seroit *légitime.* »

« L'accusé pourroit avoir donné la mort par accident, et non seulement sans aucune volonté, mais encore sans aucune imprudence, et alors l'homicide est *innocent.* »

« L'accusé peut avoir donné la mort sans aucune volonté, mais par une simple imprudence, et alors, il a encouru, non la peine de l'homicide, mais celle de l'imprudence, qui est du ressort de la police correctionnelle. »

« L'accusé peut avoir donné la mort dans un

un mouvement impétueux, dans lequel il a été précipité par une provocation plus ou moins capable de troubler sa raison, d'exciter en lui une passion violente, et de lui ravir l'usage libre de sa volonté ; . . . les *jurés* doivent donc examiner, s'il y a eu, ou non, provocation : car, dans le cas de l'affirmative, les juges peuvent déclarer l'homicide *excusable.* »

« L'accusé peut avoir donné la mort volontairement, mais ce crime peut avoir été par lui aussi-tôt exécuté que conçu, commis sans réflexion, par l'effet d'un premier mouvement, et c'est le cas du *meurtre*, proprement dit. »

« Enfin, l'accusé peut avoir donné la mort après avoir conçu et préparé cet horrible dessein, concerté les moyens, épié le moment de le mettre à exécution, et c'est le cas du dessein prémédité, ou de l'assassinat. »

« Il est clair que ces différentes suppositions qui, toutes, peuvent s'appliquer à l'existence prouvée du même fait matériel, et à la certitude que tel en est l'auteur, apportent une différence immense entre les caractères moraux de la même action, et que les *jurés* ne peuvent se dispenser d'étudier ces nuances, et de les spécifier, pour prononcer sur le fait dont un homme traduit devant eux est accusé. »

« Car, ils n'auroient rien fait pour la vérité, et pour l'application de la loi, s'ils n'avoient fait que déclarer : *un tel a commis un homicide*, puisqu'il resteroit encore à leur demander si c'est un homicide *innocent* ou *légitime*, *volontaire* ou *involontaire*, *de premier mouvement* ou *de dessein prémédité.* »

« Il faut donc que la déclaration des *jurés* contienne cette explication, et c'est pour cela que la loi veut qu'ils en délibèrent. Mais faut-il que, dans tous ces cas, ils se proposent à eux-mêmes autant de questions qu'il y a de nuances admissibles entre l'assassinat et l'homicide légitime? Il en résulteroit une complication inutile dans leur travail, et une absurdité dans la position de ces questions différentes, puisqu'il y en a qui s'excluent nécessairement. Par exemple, quand il y a lieu d'examiner, si, ou non, un meurtre a été occasionné par une provocation grave, certes, il n'y a pas lieu d'examiner, si c'est un pur homicide, innocent, arrivé par hasard, et causé par un simple accident. »

« L'incohérence évidente de ces deux questions rebuteroit tout homme de bon sens et dégouteroit les *jurés*, qui doivent toujours prendre leur raison pour guide d'une institution où les idées raisonnables seroient si manifestement blessées ». C'est au juge, qui pose les questions auxquelles ils doivent répondre, à proposer toutes celles qu'ils seront obligés d'examiner, et à ne proposer que celles-là.

« Lorsque le juge pose plusieurs questions relatives aux différens degrés d'intention, il doit les disposer de telle sorte, que la plus favorable à l'accusé se décide toujours la première, et ainsi de suite, jusqu'à celle qui lui seroit le moins favorable. Ainsi, la question de savoir, si un accusé a commis un homicide à son corps défendant, doit précéder la question de savoir, s'il l'a commis d'après une provocation qui puisse l'excuser. »

DÉCLARATION *individuelle des Jurés sur ces questions.*

Lorsque les jurés se trouveront en état de donner leurs déclarations, ils feront avertir le président (*du tribunal*) qui commettra l'un des juges, lequel, avec le commissaire du roi, passera dans la chambre du conseil, où le chef du juri se rendra pareillement; les jurés, successivement et en l'absence les uns des autres, feront chacun devant eux (*devant le juge et le commissaire du roi*) leur déclarations particulières, de la manière qui va être expliquée. Art. 23.

Le chef des *jurés*, c'est-à-dire, le premier inscrit sur la liste, se présente le premier dans la chambre du conseil, il fait ses déclarations, de la manière indiquée ci-après, et lorsqu'il a fini d'opiner sur toutes les questions posées, il reste dans la chambre du conseil pour être témoin des opinions que donneront après lui tous les autres *jurés*; mais, lui seul d'entre les *jurés* doit rester présent avec un des juges et le commissaire du roi à toute cette opération; les autres *jurés* doivent se retirer à mesure qu'ils ont fini leurs déclarations.

Pour constater les diverses déclara- Art. 80.

tions (des *jurés*), des boîtes blanches et des boîtes noires seront placées sur le bureau de la chambre du conseil : les boîtes *blanches* serviront pour exprimer que *le fait n'est pas constant*, que *l'accusé n'est pas convaincu*, et la décision favorable à l'accusé sur les questions relatives à l'intention, posées par le président.

1°. *Sur le fait.*

Art. 24 et 29. Chaque juré, en commençant par leur chef, donnera d'abord sa déclaration sur le *fait*, pour décider si le fait porté dans l'acte d'accusation, est constant ou non :... il mettra sa main sur son cœur, et dira : *Sur mon honneur et ma conscience, le fait est constant*, ou, *le fait ne me paroît pas constant.*

Art. 31. Après cette déclaration (et chacune de celles qui suivent) chaque juré, en témoignage de son opinion qu'il aura prononcée à haute voix, déposera ostensiblement dans les boîtes, des boules d'une couleur semblable.

« Ainsi, dit *l'instruction*, pour décider le premier point : *le fait est-il constant ?* les *jurés* qui croiront que le fait *n'est pas constant*, exprimeront leur avis, après leur déclaration de vive voix, en mettant une *boule blanche* dans la *boîte blanche* : ceux qui croiront le *fait constant*, mettront une *boule noire* dans la *boîte noire*; (*) enfin, pour que les boîtes qui auront servi à exprimer sur cette première question, ne puissent pas se confondre avec les boîtes qui serviront aux questions suivantes; ces boîtes porteront chacune une inscription : sur la boîte *noire*, sera écrit : *fait constant*; sur la boîte *blanche : fait non constant*.

Ceux des *jurés* qui auront déclaré que *le fait n'est pas constant*, n'auront pas d'autre déclaration à faire, et leurs voix seront comptées en faveur de l'accusé pour les déclarations suivantes. . . . Art. 25.

2°. *Sur l'accusé.*

Mais ceux qui ont déclaré le fait *constant*, ont une seconde déclaration à faire; la voici :

. . . . Si cette première déclararion (*sur la question de l'existence du fait*) est affirmative, il en sera fait sur-le-champ une seconde sur *l'accusé*, pour déclarer *s'il est ou non convaincu*. Suite de l'art. 24.

. . . . Il (le *juré*) mettra la main sur son cœur, et dira : *Sur mon honneur et* Suite de l'art. 29.

(*) Il sera utile de faire construire les boîtes de manière que la boule noire ne puisse pas entrer dans la boîte blanche. (note de l'instruction de l'assemblé nationale).

ma conscience, l'accusé est convaincu, ou *l'accusé ne me paroît pas convaincu.*

N. B. La même forme sera observée dans les autres déclarations. (*C'est-à-dire dans celles qui sont relatives à l'intention*).

Le *juré* peut avoir reconnu l'existence du délit et n'être pas convaincu que l'accusé en est l'auteur, c'est-pourquoi, il est obligé de faire cette seconde déclaration ; après avoir exprimé hautement son opinion sur cette question, dans la forme qui vient d'être prescrite ; il l'appuye, comme la première, en plaçant une *boule noire*, ou une *boule blanche* dans de nouvelles boîtes de l'une ou de l'autre (20) couleur, dont la *noire* doit porter cette inscription : L'*accusé convaincu*, et la *blanche*, celle-ci : l'*accusé non convaincu.*

Suite de l'art. 25. .... Ceux (des *jurés*) qui, ayant trouvé le fait constant, auront déclaré que l'accusé *n'en est pas convaincu*, n'auront aucune autre déclaration à faire, et leurs voix seront également comptées en faveur de l'accusé, pour les déclarations qui pourront suivre.

---

(20) Il y aura autant de paires de boîtes qu'il y aura de questions différentes recommandées par le juge à la décision des jurés : la boule et la boîte blanche serviront constamment à exprimer l'opinion favorable à l'accusé : la boule et la boîte noire serviront à exprimer l'opinion contraire. (IBID.)

3°. *Sur les circonstances du délit.*

Dans les délits qui renferment des circonstances indépendantes entr'elles, tels que dans une accusation de vol, pour savoir, s'il a été commis de nuit, avec effraction, par une personne domestique, avec récidive, le président posera séparément ces diverses questions, et il sera fait sur chacune d'elles une déclaration distincte et séparée par tous ceux des jurés qui auront fait une déclaration affirmative sur le fait de l'accusation et sur l'auteur. Art. 27

« Il faut bien se garder de confondre ces circonstances avec les modifications aggravantes ou atténuantes d'un même fait. »

« Ces circonstances sont nommées *indépendantes*, parce qu'elles sont tellement isolées les unes des autres, que chacune d'elles peut être jugée vraie ou fausse, sans que cela puisse influer sur le jugement à prononcer relativement aux autres. »

« Un exemple rendra cette définition plus palpable, et nous l'emprunterons du crime de vol. »

« N. . . . est convaincu d'avoir volé une somme de mille écus : son délit est de nature différente s'il a volé de nuit ou de jour, avec effraction extérieure ou sans effraction extérieure. »

« Ces circonstances sont indépendantes les unes des autres : l'effraction peut être prouvée, sans que le vol de nuit soit prouvé, et réciproquement; tel *juré* qui est d'avis que ce vol ne s'est pas commis la nuit, ne préjuge par là rien de relatif à l'effraction; il peut donner une boule blanche sur la première question et une boule noire sur la seconde, *et vice versâ.* »

« D'où il suit, que pour faire prononcer les *jurés* sur les circonstances indépendantes, le juge ne trouvera pas l'ordre des questions indiquées par la série des idées, et qu'ainsi, il pourra les présenter dans l'ordre qu'il voudra, sans s'astreindre à commencer par celles qui sont les moins aggravantes, puisque ce sont autant de faits séparés et sans affinité. »

4°. *Sur l'intention.*

Art. 26. Ceux des jurés, dont les premières déclarations (*celles sur le fait et l'accusé*) auront été *affirmatives*, en feront une troisième relative à *l'intention*, sur les questions posées par le président.

Cette troisième déclaration se fait dans la même forme que les deux précédentes. On se rapelle que le juge qui pose les questions relatives à l'intention, doit les disposer de manière, que les plus favorables à l'accusé soient toujours décidées les premières; le *juré* qui opine doit donc énoncer son opinion dans le même ordre, sur chacune des questions intentionnelles, et la confirmer par l'émission d'une boule noire ou blanche:

d'où il suit naturellement que, s'il y a plusieurs questions intentionnelles posées par le juge, le *juré* qui a donné une boule *blanche* sur la première question, n'a plus à donner de suffrage sur la seconde. La raison en sera rendue sensible, en continuant à nous servir de l'exemple de la page 98. Si le *juré* a exprimé par une boule blanche, qu'un homicide a été commis par l'accusé à son corps défendant, il n'a plus à s'expliquer sur le fait de savoir, si l'accusé avoit été suffisamment provoqué pour que cette provocation lui servît d'excuse; car, la première proposition que le *juré* a affirmée va au-delà de la seconde; elle est plus favorable à l'accusé et le justifie plus complettement. »

N. B. « On voit, par cette observation, qu'aussi tôt que le *juré* s'est déterminé *en faveur* de l'accusé sur une des questions soumises, successivement et par ordre, à sa décision, et qu'il a en conséquence émis une boule *blanche*, il n'a plus à donner de suffrage sur les questions ultérieures : au contraire, tant qu'il donne des boules *noires*, c'est-à-dire, tant qu'il juge *contre* l'accusé les questions qui lui sont présentées dans leur ordre graduel, il lui reste à prononcer sur les questions ultérieures, jusqu'à ce qu'il ait donné son opinion sur toutes celles que le juge a posées. »

Manière de compter les voix.

Lorsque les douze *jurés* qui composent le *juri de jugement*, ont achevé de donner successivement leur déclaration individuelle, ils doivent tous rentrer dans la chambre du conseil, (d'où ils étoient sortis après leurs déclarations respectives,) pour assister à l'ouverture des boîtes.

Art. 32. Cela fait, les jurés seront appelés, et en leur présence, il sera fait ouverture des boîtes, les boules seront comptées, les déclarations partielles seront rassemblées pour former la déclaration générale du juri.

Art. 28. L'opinion de *trois* jurés suffira toujours en faveur de l'accusé, soit pour décider que le fait *n'est pas constant*, soit que l'accusé *n'est pas convaincu*, soit pour décider *en sa faveur* les questions relatives à *l'intention*, posées par le président.

(*Instruction de l'assemblée nationale*). Le juge qui a présidé aux déclarations des *jurés* fait, en leur présence et en celle du commissaire du roi, l'ouverture des boîtes, dans le même ordre que celui dans lequel ont été posées les questions auxquelles elles correspondent.

D'abord, on ouvre les boîtes qui ont servi à décider *si le fait est constant* ou *non constant*. Sur cette première question, s'il se trouve trois boules blanches, il est décidé (conformément à l'article 28) que le fait n'est pas constant, et la délibération est terminée.

S'il ne se trouve pas trois boules blanches données sur la question du fait, on passe à l'ouverture des boîtes sur la question de de savoir *quel est l'auteur du fait*; mais, avant de passer au recensement des boules blanches sur cette seconde question, il ne faut pas manquer de réserver les boules blanches qui peuvent avoir été données sur la première question, et qui n'étant pas au nombre de trois, n'ont pas emporté la balance. Ces boules (blanches) doivent s'additionner avec les boules blanches qui seront trouvées dans la boîte blanche servant à la seconde question; et cela est de toute justice, car les *jurés* qui, sur la première question, ont estimé qu'il n'y avoit pas de fait constant, doivent, sur la seconde, se joindre à ceux qui ne pensent pas que tel accusé en soit l'auteur.

Si cette addition des boules blanches émises sur la première et sur la seconde question, donne trois boules blanches, la délibération se termine là, et il est décidé que l'accusé n'a pas paru aux *jurés* convaincu du fait porté en l'accusation.

N. B. Quant au recensement des boules que les *jurés* ont émises sur chacune des circonstances *indépendantes*, il faut observer que les boules blanches fournies sur chacune des différentes circonstances indépendantes ne doivent pas s'additionner entr'elles, mais qu'elles doivent seulement s'additionner avec les boules blanches fournies sur les deux premières questions relatives à l'existence du corps du délit, et à la conviction de l'auteur de ce délit; un exemple rendra sensible cette observation:

Supposons les circonstances suivantes; sur la première question : *le fait est-il constant?* il s'est trouvé une boule *blanche*.

Sur la seconde question: *quel est l'auteur de ce fait?* il n'y a pas eu de boule blanche.

Sur la troisième question relative à une circonstance indépendante: *le vol a-t-il été commis la nuit?* il se trouve une boule *blanche*. Cette boule s'additionne avec la boule blanche donnée sur la première question; mais, comme cette addition ne donne en somme que deux boules blanches, les dix boules noires l'emportent, et la déclaration (générale du juri) est que le vol à été commis de nuit.

Sur cette quatrième question relative à une autre circonstance indépendante, savoir: *Le vol a-t-il été commis avec effraction extérieure?* il ne se trouve qu'une boule *blanche*. Si cette boule s'additionnoit avec celle qui signifioit que le vol n'a pas été commis la nuit, et ensuite avec celle qui a signifié que le fait n'est pas constant, cette quatrième question seroit résolue *en faveur* de l'accusé; mais cette supputation seroit injuste et déraisonnable, car, le *juré* qui a été d'avis que le vol n'étoit pas fait de nuit, n'a rien préjugé sur l'effraction extérieure. On n'additionnera donc pas les deux boules *blanches* fournies sur les deux circonstances indépendantes, mais on réunira seulement celle fournie sur chacune de ces circonstances, séparément, à celles qui ont été recensées sur les deux premières questions relatives à l'existence du fait et à la conviction de l'accusé; et dans l'exemple posé, il en résulte que par la majorité de *dix* boules *noires* contre *deux blanches*, chaque circonstance indépendante est prouvée à la charge de l'accusé.

Si l'addition des boules blanches données

sur les deux premières questions ne fournit pas le nombre de trois boules blanches, le juge passe à l'ouverture des boites relatives à la question intentionnelle, ou à la première de ces questions, s'il y en a eu plusieurs de posées.

Dans ce troisième recensement, les boules blanches fournies sur les deux premières questions doivent encore se réunir à celles qui vont se trouver dans la boîte blanche. En effet, les *jurés* qui ont été d'avis qu'il n'y avoit pas de fait constant ou que l'accusé n'étoit pas convaincu, n'ayant pas été en assez grand nombre de cet avis pour le faire prévaloir, ne peuvent s'empêcher de se réunir à ceux des *jurés* qui se décideront en faveur de l'accusé sur les questions intentionnelles.

S'il y a eu plusieurs questions posées et si les trois premiers recensemens réunis n'ont pas encore fourni une somme additionnelle de trois boules blanches, on passe à l'ouverture des boites sur la seconde question intentionnelle, ainsi de suite, jusqu'à ce que le recensement des suffrages soit terminé, soit par l'ouverture de toutes les boîtes, soit par une somme de trois boules blanches, qui arrête et fixe la décision des *jurés* sur la question sur laquelle l'accusé a obtenu la troisième boule blanche.

Lorsque la décision générale du juri a été ainsi recueillie par le juge, en présence du commissaire du roi, et constatée par le chef des *jurés*, voici comment cette décision est proclamée.

DÉCLARATION GÉNÉRALE du Juri de Jugement.

Art. 33. Les jurés rentreront dans l'auditoire, et après avoir repris leurs places, le président (*du tribunal*) leur demandera si un tel est convaincu d'avoir, ect.

Le chef du juré (*se levant*) dira, (*au nom de tous les autres*) : « *Sur* « *mon honneur et ma concience la dé-* « *claration du juri est :* UN TEL N'EST « PAS CONVAINCU, ou, UN TEL EST « CONVAINCU, ou bien, UN TEL « EST CONVAINCU D'AVOIR, ect. MAIS « INVOLONTAIREMENT, ou POUR LA « LÉGITIME DÉFENSE DE SOI ou « D'AUTRUI, ect. » (*c'est-à-dire, que le chef des jurés place ici la déclaration du juri sur la question intentionnelle posée par le juge*).

Art. 34. La déclaration du juri sera reçue par le greffier, signée de lui et du président.

Art. 37. Le juri ne poura donner de déclaration sur un délit qui ne seroit pas porté dans l'acte d'accusation, quelle que soit la déposition des témoins.

Art. 38. Si l'acccusé est déclaré non convaincu du fait porté dans l'accusation, et qu'il ait été inculpé sur un autre par les dépositions des témoins, le président, d'office, ou sur la demande de l'accusateur public, ordonnera qu'il soit arrêté de nouveau ; il recevra les éclaircissemens que le prévenu donnera sur ce nouveau fait, et s'il y a lieu, il délivrera un mandat d'arrêt et renverra le prévenu, ainsi que les témoins, devant un juri d'accusation, pour être procédé à une nouvelle instruction.

Dans ce cas, le juri d'accusation pourra être celui du district dans le chef-lieu duquel siège le tribunal criminel. Art. 39.

Si l'accusé est déclaré convaincu du fait porté dans l'acte d'accusation, il pourra encore être poursuivi à raison du nouveau fait ; mais s'il est déclaré convaincu du second délit, il n'en subira la peine qu'autant qu'elle seroit plus forte que celle du premier, auquel cas il sera sursis à l'exécution du premier jugement. Art. 40.

Dans aucun cas, la décision du *juri de jugement* ne peut être soumise à l'appel ; cependant, comme tous les hommes peuvent se tromper, la loi ne permet pas que le sort de l'accusé soit tellement dépendant des *jurés* que celui-ci ne puisse jamais, même en cas d'erreur sensible ou d'opinion évidemment fausse, éviter une condamnation injuste.

C'est pourquoi, elle a établi un remède, qui ne doit être employé qu'avec la plus grande circonspection, et dans les cas, infiniment rares, où la décision des *jurés* paroîtroit au juge évidemment erronnée; le voici :

Titre VIII, art. 27. La décision des jurés ne pourra jamais être soumise à l'appel; si, néanmoins le tribunal est unanimement convaincu que les *jurés* se sont trompés, il ordonnera que trois jurés (*il en est parlé pages 24 et 25*) seront adjoints aux douze premiers pour donner une déclaration aux quatre cinquièmes des voix.

C'est-à-dire, quil faut douze voix sur quinze pour condamner l'accusé.

Art. 28. (A cet effet, après avoir formé le tableau du juri (*de jugement*) il en sera toujours tiré au sort trois de plus, lesquels seront placés séparément dans l'auditoire; ils prêteront serment, lorsqu'ils seront requis de se joindre aux autres jurés.)

Art. 29. Le nouvel examen ne pourra avoir lieu que dans le cas seulement où l'accusé auroit été convaincu, et jamais lorqu'il auroit été acquitté.

LA déclaration du *juri de jugement* termine les fonctions des *jurés*; les juges, organes passifs de la loi, prononcent d'après cette déclaration, ou le renvoi de l'accusé, ou la peine qu'il a encourue. Les titres VIII et IX de la loi, que nous rapporterons en entier à la fin de cet ouvrage, instruiront des formes du reste de la procédure, mais comme les *jurés* n'y ont aucune part, nous n'y ferons aucune observation. Celles qui accompagnent le texte des articles qui précèdent, puisées en grande partie dans l'instruction même que l'assemblée nationale a jointe à la loi sur la nouvelle procédure criminelle, suffiront, sans doute, pour instruire les *jurés* de leurs devoirs, pour les guider dans leurs fonctions, et pour préparer tous les citoyens à les exercer dignement; mais, avant d'arriver à ce titre VIII qui traite du jugement et de l'exécution, et qui est commun à toute espèce de procès criminel, jugé soit par un *juri ordinaire*, soit par un *juri spécial*, soit par le *haut juri*, nous allons parler des *jurés spéciaux*, dont nous avons déja indiqué l'objet, page 27.

TROISIÈME PARTIE.

JURIS SPÉCIAUX
D'ACCUSATION ET DE JUGEMENT.

Attribution des fonctions de police préalables à la convocation du juri spécial d'accusation.

Toute plainte ou dénonciation en faux, en banqueroute frauduleuse, Titre XII, art. 1er.

en concussion, péculat, vol de commis ou d'associés en matière de finance, commerce ou banque, seront portées devant le directeur du juri du lieu du délit, ou de la résidence de l'accusé; à l'exception des villes au-dessus de 40,000 ames, dans lesquelles elles pourront être portées devant les juges de paix.

Le motif qui a déterminé l'assemblée nationale à exiger que, dans les villes au-dessous de quarante mille ames, la plainte ou dénonciation de ces délits ne fût portée que devant le juge du tribunal du district qui fait les fonctions de directeur du juri, est le même qui lui a fait instituer des *jurés* particuliers pour juger ces sortes de crimes; elle a pensé que, comme l'officier qui reçoit la plainte est aussi celui qui doit recevoir les déclarations des témoins, entendre le prévenu, et délivrer en conséquence le mandat d'amener et le mandat d'arrêt, il falloit n'attribuer, dans les cas particuliers dont il s'agit, ces fonctions qu'à des hommes versés dans la connoissance des matières délicates qui appartiennent à la nature des délits pour lesquels cette procédure est instituée; et cette connoissance, elle n'a pas dû espérer de la trouver dans les officiers de police des petites villes; dans les grandes, où les lumières sont plus répandues, elle a laissé aux juges de paix la faculté de recevoir les plaintes de cette nature, comme toutes les autres.

Art. 2. Dans les cas mentionnés en l'article

ci - dessus, le directeur du juri exercera les fonctions d'officier de police.

L'acte d'accusation, ainsi que l'examen de l'affaire seront présentés à des jurés spéciaux d'accusation et de jugement. Art. 3.

Formation du juri spécial d'accusation.

Pour former le juri spécial d'accusation, le procureur syndic, (*c'est celui de district, qui est de même chargé de la formation de la liste des jurés ordinaires d'accusation.* Voyez *la page* 15.) parmi les citoyens éligibles, en choisira *seize* ayant les connoissances relatives au genre du délit, sur lesquels il en sera tiré au sort *huit*, qui composeront le tableau du juri. Art. 4.

Les obligations des citoyens désignés pour être *jurés speciaux* d'accusation, les règles de leur convocation, leur serment, leurs fonctions, celles du directeur du juri, les formes de leur déclaration collective sont les mêmes que pour les *jurés* ordinaires d'accusation. *Voyez* la page 15 et suivantes et toute la première partie, page 36 et suivantes.

Formation du juri spécial de jugement.

Le juri spécial de jugement sera formé par le procureur-général-syndic, (*c'est celui de département, qui dresse* Art. 5.

également la liste des jurés ordinaires de jugement. Voyez page 20) lequel, à cet effet, choisira *vingt-six* citoyens, ayant les qualités ci-dessus désignées (*dans l'article* 4).

Art. 6. Sur ces *vingt-six* citoyens, l'on en tirera au sort *douze* pour former un *tableau*...

La nomination des vingt six *jurés spéciaux* de jugement et des seize d'accusation doit vraisemblablement se faire en même tems que celle des autres *jurés*. Tout ce qui a été dit aux pages 25, 26 et 27 sur les excuses que pourroient alléguer les personnes désignées pour composer le juri ordinaire de jugement est de même applicable à ceux qui le sont pour composer *le juri spécial*; les devoirs de ces derniers sont en tout conformes à ceux des *jurés* ordinaires, prescrits dans la seconde partie, page 66 et suivantes.

Suite de l'art. 6. ...Lequel (*tableau de douze jurés*) sera présenté à l'accusé ou aux accusés qui auront le droit de récuser (*comme dans les autres cas*) ceux qui le composeront.

L'accusé a ici, comme dans les cas ordinaires, la faculté de récuser 20 *jurés* sans alléguer de motifs. S'il en avoit récusé 20 sur les 26 qui composent la liste formée par le procureur-général-syndic, il en resteroit encore six, « alors (dit *l'instruction*) six autres » *jurés* pris sur la liste, (*et déjà récusés sans* » *motifs*) se rejoindroient aux six *jurés* non » récusés. Ces premieres récusations n'ex- » cluent pas, comme de raison, les récusations

» motivées, dont le jugement appartient au
» tribunal criminel. »

Une première récusation pourra être faite sur la liste entière, comme ayant été formée en haine de l'accusé, et dans le cas où le tribunal le jugeroit ainsi, il sera formé une nouvelle liste par le vice-président du directoire; ceux qui auront été portés sur la première liste pourront néanmoins être employés sur la deuxième. Art. 7

La récusation de la première liste, dressée par le procureur du département, peut être suffisamment motivée en alléguant quelque cause ou preuve de partialité de sa part, et en prouvant qu'il l'auroit composée, avec malignité, des ennemis de l'accusé et d'hommes intéressés à lui nuire.

« C'est au tribunal criminel à juger du mérite de cette récusation, et la seule règle que l'on puisse indiquer à ce sujet, c'est le principe éternel de justice qui doit présider à toute l'instruction criminelle. D'après ce principe, tout ce qui conduit à chercher de bonne foi la vérité doit être admis; tout ce qui expose à commettre une erreur ou à consacrer une injustice, doit être soigneusement réprouvé; et une liste de *jurés* insidieusement composée seroit le piège le plus dangereux que l'on pourroit tendre à un accusé. »

Tous les membres du juri spécial, qui auront été récusés, seront remplacés par des citoyens tirés au sort; Art. 8.

d'abord, parmi les douze autres choisis par le procureur-général-syndic, et subsidiairement par des citoyens tirés au sort dans la liste ordinaire des jurés.

Art. 9. L'accusateur public n'aura aucune récusation à exercer sur les jurés spéciaux.

« A CES différences près, la procédure sur la banqueroute, etc. est la même que celle qui concerne les autres délits ; elle doit sur-tout être conduite dans le même esprit de bonne foi qui écarte autant qu'il est possible les embarras et les subtilités de pure forme pour rechercher constamment et uniquement la vérité. »

Le titre XIII de la loi est consacré en entier aux règles à observer dans la procédure sur le crime de *faux*, qui est un de ceux sur lesquels un *juri spécial* doit prononcer. Ces règles doivent être connues des citoyens appelés pour composer, dans cette occasion, le *juri spécial*, soit d'accusation, soit de jugement, c'est-pourquoi nous les allons rapporter.

Règles particulières à la procédure sur le crime de faux.

Titre XIII, Art. 1er. Dans toutes les plaintes ou dénonciations en faux, les pièces arguées de faux seront déposées au greffe, (*du tribunal du district*) signées par le greffier, qui en dressera un procès-verbal détaillé; elles seront signées et paraphées par le directeur du juri, ainsi que par la partie plaignante ou dénonciatrice, et par le prévenu, au moment de sa comparution (*devant le directeur du juri*).

Les plaintes et dénonciations en faux pourront toujours être reçues, quoique les pièces qui en sont l'objet ayent pu servir de fondement à des actes judiciaires ou civils. Art. 2.

Tout dépositaire public, et même tout particulier, dépositaire de pièces arguées de faux, sera tenu, sous peine d'amende et de prison, de les remettre, sur l'ordre qui en sera donné par écrit par le directeur du juri, lequel lui servira de décharge envers tous ceux qui ont intérêt à la pièce. Art. 3.

Les pièces qui pourront être fournies pour servir de comparaison, seront signées et paraphées à toutes les pages, par le greffier, par le directeur du juri et par le plaignant ou dénonciateur, ou leur fondé de procuration spéciale, ainsi que par l'accusé, au moment de sa comparution. Art. 4.

Les dépositaires publics seuls pourront être contraints à fournir les pièces de comparaison qui seroient en leur Art. 5.

possession, sur l'ordre par écrit du directeur du juri, qui leur servira de décharge envers ceux qui pourroient avoir intérêt à la pièce.

Art. 6. Lorsque les témoins s'expliqueront sur une pièce du procés, ils seront tenus de la parapher.

Art. 7. S'il est nécessaire de déplacer une pièce authentique, il en sera donné une copie collationnée, laquelle sera signée par le juge de paix du lieu.

Art. 8. Si dans le cours d'une instruction ou d'une procédure, une pièce est arguée de faux, par une des parties, elle sommera l'autre partie de déclarer si elle entend se servir de la pièce.

Art. 9. Si la partie déclare qu'elle ne veut pas se servir de la pièce, elle (*la pièce*) sera rejetée du procès, et il sera passé outre à l'intruction et au jugement.

Art. 10. Dans le cas où la partie déclareroit qu'elle entend se servir de la pièce; l'intruction sur le faux sera suivie civilement devant le tribunal saisi de l'affaire principale.

Art. 11. Mais, si la partie qui a argué de faux la pièce soutient que celui qui l'a produite est l'auteur du faux, l'accusation sera suivie criminellement dans les formes ci-dessus prescrites; il il sera sursis au jugement du procès jusqu'aprés le jugement de l'accusation en faux.

Les procureurs-généraux-syndics, les procureurs-syndics, les procureurs des communes, les juges, ainsi que les officiers de police, seront tenus de poursuivre et de dénoncer tous les auteurs et complices de faux, qui pourront venir à leur connoissance, dans la forme ci-dessus prescrite. Art. 12.

L'officier public poursuivant, ainsi que le plaignant ou dénonciateur, pourront présenter au juri (*spécial*) d'accusation et à celui de jugement, toutes les pièces et preuves de faux; mais l'accusé ne pourra être contraint à en produire ou en fabriquer aucune. Art. 13.

Si un tribunal trouve dans la visite d'un procès, même civil, des indices qui conduisent à connoître l'auteur d'un faux, le président pourra, d'office, délivrer un mandat d'amener et remplir, à cet égard, les fonctions d'officier de police. Art. 14.

Lorsque des actes authentiques auront été déclarés faux, en tout ou en partie, leur rétablissement, leur radiation ou réformation sera ordonnée par le tribunal qui aura connu de l'affaire; les pièces de Art. 15.

comparaison seront renvoyées, sur-le-champ, dans les dépôts dont elles ont été tirées.

Art. 16. Dans tout le reste de la procédure les règles prescrites pour les délits ordinaires seront observées.

QUATRIÈME PARTIE.

HAUTS JURÉS.

La connoissance des crimes de lèze-nation, c'est-à-dire, de ceux qui ont pour but de compromettre la sureté extérieure ou intérieure de l'état, d'attaquer sa constitution, etc. est attribuée par la constitution même à un tribunal particulier institué sous le nom de haute-cour nationale; les *jurés* appelés auprès de ce tribunal sont pris dans tout l'empire, et non seulement dans l'arrondissement du département où ce tribunal est situé. C'est le corps législatif qui fait les fonctions de juri d'accusation, et ce sont deux de ses membres qui, revêtus du titre de *grands procurateurs de la nation*, sont chargés de la poursuite des procès et des fonctions d'accusateurs publics; les formes de la procédure sont, d'ailleurs, les mêmes que dans les procès criminels qui se jugent par les tribunaux de département. Elles font le sujet de la seconde partie de cet ouvrage, pages 66 et suivantes.

Articles constitutionnels. « *Une haute cour nationale, formée de membres du tribunal de cassation et de haut-jurés, connoîtra des délits des ministres et agens principaux du pouvoir exécutif, et des crimes qui attaqueront la sureté générale de l'état, lorsque le corps législatif aura rendu un décret d'accusation.* » Constitution, titre III, ch. V, Art. 23.

« *Elle ne se rassemblera que sur la proclamation du corps législatif, à une distance de 30,000 toises* (15 lieues), *au moins, du lieu où la législature tiendra ses séances.*

Composition de la haute-cour nationale.

La haute-cour nationale sera composée d'un haut juri et de quatre grands juges qui dirigeront l'instruction, et qui appliqueront la loi, d'après la décision du haut juri sur le fait. Art. Ier. Décret du 10 Mai 1791, sanctionné le 15, Art. 2.

Les quatre grands juges qui présideront à l'instruction, seront pris parmi les membres du tribunal de cassation; leurs noms seront tirés au sort dans la salle où la législature tiendra publiquement ses séances; le plus ancien d'âge de ces quatre juges sera président. Le roi sera invité d'y envoyer deux commissaires.

Le commissaire du roi auprés du tribunal de district dans le territoire duquel la haute-cour nationale s'assemblera, fera auprés d'elle les fonctions de commissaire du roi; elles seront les mêmes, respectivement à l'instruction et au jugement, que celles qu'il exercera auprès du tribunal criminel ordinaire. Art. 27.

Election des hauts jurés.

Lors des élections pour le renouvellement d'une législature, les électeurs de chaque département, après Même décret, Art. 2.

avoir nommé les représentans au corps législatif, éliront, au scrutin individuel et à la pluralité absolue des suffrages, deux citoyens ayant les qualités nécessaires pour être députés au corps législatif, lesquels demeureront inscrits sur le tableau du *haut juri* pendant tout le cours de cette législature.

Ainsi, le nombre des citoyens désignés pour composer le tableau du *haut juri* est de 166. Les qualités nécessaires pour être élu, sont celles de citoyen actif, (Voyez la note de la page 10), puis que la constitution, réformée en ce point à l'époque de la révision, n'en exige point d'autres pour être nommé député au corps législatif.

On ne peut s'empêcher de remarquer ici qu'à l'époque du 10 mai 1791, où l'assemblée nationale exigeoit les mêmes conditions pour être élu *haut juré* que pour être nommé représentant, son intention étoit de circonscrire dans un plus petit nombre de citoyens les fonctions de haut juré, comme celles de législateur, puisqu'alors il n'y avoit que ceux qui pouvoient payer une contribution égale à la valeur d'un marc d'argent, et qui possédoient, en outre, une propriété foncière, qui pussent être appelés aux unes et aux autres; tandis qu'il suffisoit alors de payer une contribution de dix journées de travail pour avoir les qualités de *juré* ordinaire, condition que la loi exigeoit alors pour être électeur. Depuis que la loi du marc d'argent est abrogée, et que tout citoyen actif peut être élu représentant, il suit naturellement de l'art. 2 ci-dessus, que tout citoyen actif peut également être nommé *haut juré*, et qu'ainsi, il faut réunir moins de conditions pour l'être que pour se voir placé sur la liste des *jurés* ordinaires, puisque ces derniers doivent avoir celles d'électeur. *Voyez* page 10.

Chaque nouvelle législature, après Art. 8
avoir vérifié les pouvoirs de ses membres, dressera la liste des jurés élus par les départemens du royaume, et elle la fera publier.

Ces *jurés* ne quittent leurs départemens, pour se rendre auprès de la haute-cour, que lorsque le rassemblement de la haute-cour est ordonné par le corps législatif, dans le cas où il porte un décret d'accusation, et lorsque leurs noms présentés à l'accusé ont été admis par lui pour composer le haut juri qui doit le juger.

Actes du Corps Législatif comme Juri d'Accusation.

Avant de porter le décret d'accu- Art. 9.
sation, le corps législatif pourra appeler et entendre à sa barre les témoins qui lui seront indiqués; il ne sera point tenu d'écrire les dires des témoins; mais après que le décret portant accusation sera rendu, les témoins seront entendus par les quatre grands juges,

et leurs dépositions reçues par écrit.

Art. 8. Le décret du corps législatif portant accusation, aura l'effet d'un décret de prise de corps.

Voyez page 59, la force d'une ordonnance de prise de corps.

Art. 7. Le décret du corps législatif portant accusation, n'aura pas besoin d'être sanctionné par le roi.

Art. 10. Lorsque le corps législatif aura décrété qu'il se rend accusateur, il fera une proclamation solemnelle pour annoncer la formation d'une haute-cour nationale, et fera rédiger l'acte d'accusation, de la manière la plus précise et la plus claire, et il nommera deux de ses membres pour, sous le titre de grands procurateurs de la nation, faire, auprès de la haute-cour nationale, la poursuite de l'accusation.

Composition du Haut Juri, ou Juri de Jugement dans les crimes de Lèze-Nation.

Art. 12. Le haut juri sera composé de vingt-quatre membres, et il ne pourra juger qu'à ce nombre.

La nomination de ces 24 *jurés*, comme celle des *jurés* ordinaires, se fait au sort et vraisemblablement en présence du président de la haute-cour nationale, comme le tirage au sort des *jurés* ordinaires de jugement se fait en présence et sous la direction du président du tribunal criminel.

Il y aura de plus six hauts jurés tirés au sort sur la liste des 166, pour servir d'adjoints dans le même cas et selon les mêmes formes déterminées par la loi sur les jurés. Art. 13.

Voyez pages 24, 75 et 112.

Sa Formation.

Les hauts jurés qui seront nommés par chacun des départemens pour être inscrits sur la liste générale, ne seront admis à proposer aucune excuse pour se dispenser d'être inscrits sur cette liste. Art. 14.

Lorsque le corps législatif aura fait sa proclamation pour annoncer la formation d'une haute-cour nationale, ceux des hauts jurés inscrits sur la liste, qui croiroient avoir des excuses légitimes pour se dispenser de composer le haut juri, dans le cas où le sort les y fît entrer, pourront envoyer lesdites excuses avec les pièces qui en prouveront la légitimité : ces excuses seront jugées par les grands juges. Art. 15.

Cet article ne dit point à qui ces excuses doivent être adressées, mais il est aisé de voir que ce doit être au président des grands juges, qui remplit les fonctions du directeur du *juri*.

Art. 16. Si l'empêchement allégué est jugé légitime, les noms des hauts jurés qui se trouveront excusés, seront, pour cette fois, retirés de la liste.

Art. 17. Après que le haut juri aura été déterminé (*par le sort*), il n'y aura plus, pour ceux qui devront le composer, aucun lieu à proposer d'excuses, si ce n'est pour impossibilité physique, telle qu'une maladie grave, constatée par un rapport de médecin, et certifiée par le procureur-général-syndic du département, ou le procureur-syndic du district, ou le procureur de la commune, suivant que le citoyen appelé habitera dans un chef-lieu de département, de district, ou dans une municipalité.

Art. 22. L'accusé ou les accusés auront la faculté d'exercer, sans donner de motifs, le double de récusations accordées par le décret sur la procédure par jurés.

La raison en est que le haut juri est composé de 24 *jurés* ou du double de jurés de jugement ordinaires. L'accusé, qui a le droit dans les autres procédures de récuser, *sans donner de motifs*, 20 *jurés*, peut ici en récuser 40. (*Voyez* la page 72 et suivantes)

Les accusés auront 15 jours pour déclarer leurs récusations. Art. 21.

Les grands procurateurs de la nation ne pourront proposer des récusations qu'en donnant des motifs ; ces motifs seront jugés par les grands juges. Art. 23.

Dans les tribunaux criminels ordinaires, les accusateurs publics, dont les grands procurateurs font ici les fonctions, sont autorisés à récuser un certain nombre de *jurés*, sans donner de motifs, les *jurés spéciaux* exceptés

Convocation des Hauts Jurés.

Aussitôt que les récusations auront été proposées et le haut juri déterminé, les grands juges feront convoquer les 30 membres dont il sera composé (*en comptant les six adjoints*), lesquels seront tenus de se rendre, dans 15 jours après la notification du mandement des grands juges, dans la ville qui sera désignée. Art. 24.

Les grands juges adresseront, pour le faire notifier, leur mandement aux procureurs-généraux-syndics des départemens où auront été nommés les hauts jurés convoqués. Art. 25.

PEINES contre ceux qui ne se rendroient point à la convocation

Art. 18. Les haut jurés qui seront convoqués, soit que leurs excuses n'ayent pas été jugées légitimes, soit qu'ils n'en ayent point proposé, ne pourront se dispenser de se rendre au lieu désigné, sous peine, par celui qui ne se rendroit pas, d'une amende égale aux contributions directes, tant foncière que mobiliaire, auxquelles il se trouvera imposé pour l'année, et d'être déchu pour six ans des droits de citoyen actif.

La loi ne dit point quel tribunal prononceroit la peine portée en cet article, mais il est vraisemblable que ce seroient les grands juges eux-mêmes.

Art. 19. Celui qui aura rempli une fois les fonctions de haut juré ne pourra plus les remplir pendant le reste de sa vie; son nom sera retiré de dessus la liste, et on ne pourra plus l'élire pour cette fonction.

Lorsqu'un ou plusieurs des hauts jurés ne pourront pas, à raison de maladie, remplir leurs fonctions, ils seront remplacés, savoir, ceux des vingt-quatre membres composant le haut juri, par les adjoints, suivant l'ordre dans lequel ceux-ci auront été nommés par la voie du sort; et les adjoints qui seront, de cette manière, entrés dans le haut juri, par des jurés pris au sort sur la liste du département dans lequel siégera la haute-cour nationale.

La forme de composer le juri et de procéder, établie par les jurés ordinaires, sera suivie par le haut juri. Art. 26.

Voyez tout ce qui est prescrit pour les juris de jugement, dans la seconde partie, page 66 et suiv.

Indemnité accordée aux Hauts Jurés.

Art. 28.

Les hauts jurés qui seront convoqués recevront, attendu la nature de ce juri, composé de membres appelés de toutes les parties du royaume, la même indemnité que les membres du corps législatif.

Cette indemnité est de 18 liv. par jour.

Exclusion des Hauts Jurés des places à la nomination du pouvoir exécutif.

L'article 2 de la section IV du chapitre II de la constitution est ainsi conçu :

» *Les membres de l'assemblée nationale actuelle et* » *des législatures suivantes, les membres du tribunal* » *de cassation*, et ceux qui serviront dans le haut » juri, *ne pourrront être promus au ministère, ni* » *recevoir aucunes places, dons, pensions, traite-* » *mens ou commissions du pouvoir exécutif ou de* » *ses agens, pendant la durée de leurs fonctions,* » *ni pendant deux ans après en avoir cessé l'exer-* » *cice.* »

« *Il en sera de même de ceux qui seront seulement* » *inscrits sur la liste du haut juri, pendant tout* » *le tems que durera leur inscription.* »

DERNIÈRE PARTIE.

Actes de justice ultérieurs aux fonctions des jurés.

Les titres VIII et IX du décret du 16 septembre 1791, sont communs à tous les procès criminels, soit que ces procès ayent été examinés par des JURÉS ORDINAIRES, soit par des JURÉS SPÉCIAUX, soit par les HAUTS-JURÉS.

NOTA. Les dispositions du titre VIII que nous allons rapporter, suivent immédiatement dans tous ces tribunaux, la déclaration du juri de jugement qui termine la seconde partie de cet ouvrage.

Jugement et exécution des accusés.

Titre VIII, art. Ier. Lorsque l'accusé aura été déclaré non convaincu, le président (*du tribunal*) prononcera qu'il est acquitté de l'accusation, et ordonnera qu'il soit mis sur-le-champ en liberté.

Il en sera de même, si les jurés ont déclaré que le fait a été commis *involontairement*, *sans aucune intention de nuire*, ou *pour la légitime défense de soi* ou *d'autrui*. Art. 2.

Tout particulier ainsi acquitté ne pourra plus être repris ni accusé à raison du même fait. Art. 3.

Lorsque l'accusé aura été déclaré convaincu, le président, en présence du public, le fera comparoître, et lui donnera connoissance de la déclaration du juri. Art. 4.

Sur cela, le commissaire du roi fera sa réquisition au tribunal, pour l'application de la loi. Art. 5.

Le président demandera à l'accusé s'il n'a rien à dire pour sa défense : lui, ses amis ou ses conseils, ne pourront plus plaider que le fait est faux, mais seulement qu'il n'est pas défendu, ou qualifié *crime* par la loi, ou qu'il ne mérite pas la peine dont le commissaire du roi a requis l'application. Art. 6.

Les juges prononceront ensuite, et sans désemparer, la peine établie par la loi, ou acquitteront l'accusé, dans le cas où le fait dont il est convaincu n'est pas défendu par elle. Il sera libre aux juges de se retirer dans une chambre pour y délibérer. Art. 7.

Lorsque les jurés auront déclaré que le fait de l'excuse proposé par le président, est prouvé, les juges prononceront, ainsi qu'il est dit dans le code pénal. Art. 8.

Les juges donneront leur avis à haute voix, en présence du public, en commen- Art. 9.

çant par le plus jeune et finissant par le président.

Art. 10. Si les juges étoient partagés pour l'application de la loi, l'avis le plus doux passera; s'il y a plus de deux avis ouverts, et si deux juges sont réunis à l'avis le plus sévère, ils appelleront des juges du tribunal de district, pour les départager, à commencer par le premier après le président, et ainsi de suite par ordre du tableau.

Art. 11. Le président, après avoir recueilli les voix, et avant de prononcer le jugement, lira le texte de la loi sur laquelle il est fondé.

Art. 12. Le greffier écrira le jugement, dans lequel sera inséré le texte de la loi lu par le président.

Art. 13. Le président prononcera à l'accusé son jugement de condamnation; il lui retracera la manière généreuse et impartiale avec laquelle il a été jugé; il pourra l'exhorter à la fermeté et à la résignation, et il lui rappellera les voies de droit qu'il peut encore employer pour sa défense.

Art. 14. Lorsque le jugement de condamnation aura été prononcé à l'accusé, il sera sursis pendant trois jours à son exécution.

Art. 15. Le condamné aura le droit de se pourvoir en cassation, contre le jugement du tribunal, (*et non contre la décision du juri qui, comme nous l'avons vu, page* 112, *ne peut en aucun cas être soumise à l'appel*); à cet effet, il sera tenu, dans le susdit délai de trois jours, de remettre sa requête en cassation au greffier, lequel lui en délivrera reconnoissance; celui-ci remettra la requête au commissaire du roi, qui sera tenu de l'envoyer aussitôt au ministre de la justice, après en avoir délivré connoissance au greffier.

NOTA. La loi n'a point dit si les citoyens condamnés par la haute-cour nationale, pourroient se pourvoir en cassation; mais c'est une justice et non une faveur, et par conséquent, elle n'a pu la leur refuser : quelques-uns des articles suivans ne peuvent s'appliquer qu'aux jugemens rendus par les tribunaux criminels ordinaires, et non à ceux de la haute-cour, en cas de requête en cassation de ces jugemens.

Le commissaire du roi pourra également demander, au nom de la loi, la cassation du jugement; il sera tenu, dans le même délai de trois jours, d'en passer sa déclaration au greffe. Art. 16.

Néanmoins, dans le cas d'absolution par un jugement, le commissaire du roi n'aura que vingt-quatre heures pour se pourvoir, pendant lequel tems il sera sursis à l'élargissement du prisonnier. Art. 17.

Les requêtes en cassation seront adressées directement au ministre de la justice, lequel sera tenu, dans les trois jours, d'en donner avis au président, et d'en accuser la réception au commissaire du roi, qui en donnera connoissance au condamné et à son conseil. Art. 18.

Dans le cas où la demande en cassation aura été présentée par le condamné, elle ne pourra être jugée qu'après un mois révolu, à compter du jour de l'admission de la requête; et, pendant ce délai, le condamné pourra faire parvenir au tribunal de cassation, par le ministre de la justice, les moyens qu'il voudra employer. Art. 19.

Le tribunal de cassation rejettera la requête, ou annullera le jugement : dans ce dernier cas, il exprimera sa décision, le Art. 20.

motif de la cassation, et renverra le procès à un autre tribunal criminel.

Art. 21. Le ministre de la justice enverra, sans délai, la décision du tribunal de cassation au président du tribunal criminel, et au commissaire du roi, lequel en donnera connoissance à l'accusé et à son conseil.

Art. 22. Lorsque le jugement aura été annullé, l'accusé sera toujours renvoyé en personne devant le tribunal criminel indiqué par le tribunal de cassation.

Art. 23. Dans le cas où le jugement aura été annullé à raison de fausse application de la loi; le tribunal criminel rendra son jugement sur la déclaration déjà faite par le juri, après avoir entendu l'accusé ou ses conseils, ainsi que le commissaire du roi.

Art. 24. Dans le cas, où le jugement aura été annullé à raison de violation ou d'omission de formes essentielles dans l'instruction du procès, l'accusé, ainsi que les témoins, seront présentés à l'examen d'un nouveau juri qui sera assemblé à cet effet.

Art. 25. Passé le délai de trois jours, mentionné en l'article 15; s'il n'y a point eu de demande en cassation, ou dans les 24 heures après la réception de la décision qui aura rejetté cette demande, la condamnation sera exécutée.

Art. 26. Cette exécution se fera sur les ordres du commissaire du roi, qui aura le droit, à cet effet, de requérir la force publique.

NOTA. Les articles 27, 28 et 29 de ce titre de la loi, sont rapportés à la page 112. Les trois qui les suivent, 30, 31 et 32, sont relatifs à la police des audiences, etc.

Manière de procéder contre les accusés contumaces.

Si, sur l'ordonnance de prise de corps (*Voyez l'art.* 29, *page* 59) ou de se représenter en justice, l'accusé ne paroît pas dans la huitaine et ne peut pas être saisi, le président du tribunal criminel rendra une ordonnance portant, qu'il sera fait perquisition de sa personne, et que chaque citoyen est tenu d'indiquer l'endroit où il se trouve. Titre IX, art. Ier.

Cette ordonnance, avec celle de prise de corps, sera affichée à la porte de l'accusé et à son domicile élu, ainsi qu'à la porte de l'auditoire, pour ceux qui ne sont pas domiciliés; elle sera également notifiée à ses cautions, s'il en a fourni. Art. 2.

Cette ordonnance sera proclamée dans les lieux ci-dessus énoncés pendant deux dimanches consécutifs : passé ce tems, les biens de l'accusé seront saisis. Art. 3.

Huitaine après la dernière proclamation, le président du tribunal rendra une seconde ordonnance, portant qu'*un tel* . . . est déchu du titre de citoyen français, que toute action en justice lui est interdite pendant tout le tems de sa contumace, et qu'il va être procédé contre lui, malgré son absence. Cette ordonnance sera signifiée, proclamée et affichée aux lieux et dans la même forme que dessus. Art. 4.

Après un nouveau délai de quinzaine, le procès sera continué dans la forme qui est prescrite pour les accusés présens, (*Voyez la seconde partie*, *page* 66 *et suiv.* :) à l'exception, toutes fois, que les dépositions des Art.

témoins reçues par écrit, seront lues aux jurés qui auront été tirés au sort.

Voyez l'observation de la page 50 sur la communication aux jurés des dépositions écrites.

Art. 6. Aucun conseil ne pourra se présenter pour défendre l'accusé contumax sur le fond de l'affaire : seulement, s'il (*l'accusé*) est dans l'impossibilité absolue de se rendre, il enverra son excuse, dont la légitimité pourra être plaidée par ses amis, et décidée par le tribunal.

Art. 7. Dans le cas où le tribunal trouveroit l'excuse légitime, il ordonnera qu'il sera sursis à l'examen et au jugement, pendant un tems qu'il fixera, eu égard à la nature de l'excuse et à la distance des lieux.

Art. 8. Les condamnations qui interviendroient contre un accusé contumax seront exécutées, en les inscrivant dans un tableau qui sera suspendu au milieu de la place publique.

Art. 9. L'accusé contumax pourra, en tout tems, se représenter, en se constituant prisonnier, et donnant connoissance au président de sa comparution : de ce jour, tout jugement et procédures faits contre lui, seront anéantis, sans qu'il soit besoin d'aucun jugement nouveau ; il en sera de même, s'il est repris et arrêté.

Art. 10. Il rentrera également dans tous ses droits civils, à compter de ce jour ; ses biens lui seront rendus, ainsi que les fruits de ceux qui auront été saisis, à la déduction des frais de régie et de ceux du procès.

Art. 11. Il sera de nouveau procédé à l'examen et au jugement de l'accusé contumax qui se sera représenté, ou qui aura été repris :

néanmoins, les dépositions écrites des témoins décédés pendant son absence, seront lues au juri, qui aura tel égard que de raison à cette circonstance.

Dans le cas même d'absolution, l'accusé Art. 12.
qui a été contumax, pourra être condamné par forme de correction, à garder la prison pendant huit jours ; le juge pourra aussi lui faire, en public, une réprimande, pour avoir douté de la justice et de la loyauté de ses concitoyens.

Pendant tout le tems de la contumace, Art. 13.
le produit des biens de l'accusé sera versé dans la caisse du district : néanmoins, s'il a une femme et des enfans, ou un père et une mère dans le besoin, ils pourront demander, sur les biens personnels de l'accusé, la distraction à leur profit d'une somme, laquelle sera fixée par le tribunal civil.

Tout accusé qui s'évadera des maisons Art. 14.
d'arrêt ou de justice, sera regardé comme contumax, et il sera procédé contre lui, ainsi qu'il vient d'être dit.

La peine portée dans le jugement de con- Art. 15.
damnation, sera prescrite par vingt années, à compter de la date du jugement ; mais, ce tems passé, l'accusé ne sera plus reçu à se présenter, pour purger sa contumace.

Après la mort de l'accusé (*contumax*) pro- Art. 16.
noncée légalement, ou après 50 ans de la date du jugement, ses biens, à l'exception des fruits, seront restitués à ses héritiers légitimes : néanmoins, après vingt ans, les héritiers pourront être provisoirement envoyés en possession des biens, en donnant caution.

PEINES CONTRE LES JURÉS INFIDÈLES.

Extrait du code pénal, art. 8. « Tout fonctionnaire public, tout citoyen placé sur la liste des *jurés*, convaincu d'avoir, moyennant argent, présens ou promesses, trafiqué de son opinion, ou de l'exercice du pouvoir qui lui est confié, sera puni de la peine de la dégradation civique. »

Art. 9 « Tout *juré*, après le serment prêté, tout officier de police en matière criminelle, qui sera convaincu d'avoir, moyennant argent, présens ou promesses, trafiqué de son opinion, sera puni de la peine de vingt ans de gêne. »

Art. 10. « Les coupables mentionnés aux deux articles précédens, seront, en outre, condamnés à une amende égale à la valeur de la somme, ou de l'objet qu'ils auront reçu. »

FIN.

www.ingramcontent.com/pod-product-compliance
Ingram Content Group UK Ltd.
Pitfield, Milton Keynes, MK11 3LW, UK
UKHW020226220726
13923UKWH00002B/531